第二言語習得理論の視点からみた
早期英語教育に関する研究

・・・小学校英語教育に対する提言の試み・・・

大石　文朗

はしがき

　2011年4月より小学校学習指導要領が改訂されて、公立小学校の5・6年生において週1コマの「外国語活動」が必修化になった。この外国語とは「英語を取り扱うことを原則とすることが適当である」と提言されているように、事実上、英語活動である。学習内容は2本の柱からなり、それらは「外国語を用いて積極的にコミュニケーションを図る」、そして「日本と外国の言語や文化について、体験的に理解を深める」ことである。これは、それまでの「総合的な学習の時間」における「国際理解に関する学習の一環としての外国語会話等」の英語学習よりも、さらに英語教育の早期化を促したものであろう。

　移行期も含めると2000年度から導入された「総合的な学習の時間」は、公立小学校における英語学習早期化の出発点になったもので、文部科学省の小学校英語活動実施調査の結果によると、2007年度には何からの形で英語活動を実施している学校は97%に達したと報告されている。そのようにほぼ全校で英語活動が実施されているにもかかわらず、「総合的な学習の時間」は、「環境・情報・健康／福祉・国際理解」という分野から、各々の公立小学校が学習分野や活動内容を選択すると規定されているため、英語学習の観点からすると内容に統一性がなかった。この各学校のばらつきを是正し、「教育の機会均等の確保」や「中学校との円滑な接続等」のために、共通に指導する必要性から「外国語活動」が新設されたと文部科学省は新設理由を説明している。

　さらに2013年12月に「グローバル化に対応した英語教育改革実施計画」が文部科学省より発表された。それによると初等中等教育段階からグローバル化に対応するため、小学校における英語教育の拡充強化、さらに、中・高等学校における英語教育の高度化が提案された。小学校に関して具体的には、小学3

年生から外国語活動が必修になり、5 年生から英語が教科として導入されるというものである。このように小学校段階にて加速度的に英語教育が早期化される中、第二言語習得理論の視点から、どのような学習方法や学習内容が適切であるかの議論は、ますます重要になるものだと思われる。

　本書は、筆者が名古屋大学の大学院在学中に修士論文として提出したものに若干の加筆補正をしたものである。内容は、「なぜ小学校で英語学習が必要なのか」という素朴な疑問に対して社会的背景等から検討し、第二言語習得理論の視点から、「開始年齢」、「学習方法」、「学習内容」を考察し、それらを踏まえて「小学校英語教育に対する提言」を試みたものである。それら議論の過程では、当時の「総合的な学習の時間」における英語活動の問題点についても言及しており、その後導入された「外国語活動」や新たに計画されている「英語の教科化」という一連の流れを理解するための一助となることをも願っている。

　最後に、本書出版にあたって助成やご尽力してくださった勤務校松本大学の方々に感謝申し上げる。

2016 年 6 月

松本市の大学研究室にて

目　　次

はしがき・・・ i

序章　　本研究の意義と目的・・・・・・・・・・・・・・・・・・・・・・・・・・・・・・・・・・ 1 頁

　　　　Ⅰ．意義と重要性・・・先行研究との関係で・・・・・・・・・・・・・・・・・・・ 1 頁

　　　　Ⅱ．目的と構成・・・用語の整理と本研究の主張・・・・・・・・・・・・・・・・ 6 頁

第Ⅰ章　　小学校英語教育の導入に関する社会的背景・・・・・・・・・・・・・・・・・・10 頁

　　　　Ⅰ－1．世界における英語の拡大についての議論・・・・・・・・・・・・・11 頁

　　　　　①英語使用人口の現状と将来の展望について・・・・・・・・・・・・・・11 頁

　　　　　②英語使用の拡大要因について・・・・・・・・・・・・・・・・・・・・・・・・・16 頁
　　　　　　（a）英語拡大の外的要因・・・・・・・・・・・・・・・・・・・・・・・・・・・・17 頁
　　　　　　（b）英語拡大の内的要因・・・・・・・・・・・・・・・・・・・・・・・・・・・・22 頁

Ⅰ－2．日本における英語教育についての議論‥‥‥‥‥‥‥27 頁

①英語教育の変遷と論争について‥‥‥‥‥‥‥‥‥‥‥‥27 頁

(a)英語教育の変遷の要約‥‥戦前を中心に‥‥‥‥‥‥‥27 頁

(b)英語教育の論争‥‥戦後を中心に‥‥‥‥‥‥‥‥‥30 頁

②公立小学校での英語学習導入の背景について‥‥‥‥‥‥34 頁

(a)英語習得に対する危機感の強まり‥‥‥‥‥‥‥‥‥34 頁

(b)国際比較による英語教育改革の高まりと

　　　　　流動的な改革決定過程‥‥‥‥‥‥‥‥38 頁

第Ⅱ章　言語習得に関する諸理論の視点からみた

　　　　　　　　小学校の第二言語教育の意義‥‥‥‥44 頁

Ⅱ－1．言語習得理論における第二言語教育の「開始年齢」の

　　　　　取り扱い方についての議論‥‥‥‥‥‥46 頁

①発話における第二言語教育の開始年齢の影響‥‥‥‥‥‥49 頁

②語彙の拡大における第二言語教育の開始年齢の影響‥‥‥‥56 頁

③文法における第二言語教育の開始年齢の影響‥‥‥‥‥‥60 頁

Ⅱ－2．言語習得理論における第二言語教育の「学習方法」の

取り扱い方についての議論‥‥‥‥‥68 頁

①発話における第二言語教育の学習方法について‥‥‥‥‥70 頁

②語彙の拡大における第二言語教育の学習方法について‥‥79 頁

③文法における第二言語教育の学習方法について‥‥‥‥‥85 頁

Ⅱ－3．言語習得理論における第二言語教育の「学習内容」の

取り扱い方についての議論‥‥‥‥‥94 頁

①発話における第二言語教育の学習内容について‥‥‥‥‥97 頁

②語彙の拡大における第二言語教育の学習内容について‥‥103 頁

③文法における第二言語教育の学習内容について‥‥‥‥‥110 頁

第Ⅲ章 小学校英語教育への提言‥‥‥‥‥‥‥‥‥‥‥‥‥‥‥‥119 頁

Ⅲ－1．「開始年齢」について‥‥‥‥‥‥‥‥‥‥‥‥119 頁

Ⅲ－2．「学習方法」について‥‥‥‥‥‥‥‥‥‥‥‥124 頁

Ⅲ－3.「学習内容」について・・・・・・・・・・・・・・・・・・・・・・・・・・132 頁

Ⅲ－4.その他の課題について・・・・・・・・・・・・・・・・・・・・・・・139 頁

あとがき・・147 頁

参考文献リスト・・・・・・・・・・・・・・・・・・・・・・・・・・・・・・・・・・・150 頁

序章　本研究の意義と目的

Ⅰ．意義と重要性・・・先行研究との関係で・・・

　2000 年 1 月に「二十一世紀日本の構想」懇談会は、当時の首相であった小渕恵三内閣総理大臣へ「英語の第二公用語化論」を提言し、賛否両論の物議をかもした。このような外国語を第二公用語として採用するという提案がなされる背景として、今後ますます世界各国の相互依存が高まり、諸外国との相互理解が我が国の盛衰を左右しかねないという国際状況があるのだと思われる。特に、情報通信の世界においては国境という概念すら希薄になり、瞬時に情報交換が可能になった。今後も高速大量輸送および、さらなる通信技術の発展にともない世界がますます狭くなり、他民族との物理的・心理的距離感が短くなるであろう。そのように諸外国との相互依存関係が高まるということは、良かれ悪しかれ互いの影響力が強まることを意味する。実際、経済では一国の経済不況が世界恐慌をもたらしてしまう。さらに、政治的・軍事的行動は他国とのコンセンサスが不可欠であり、そのコンセンサスの基本はコミュニケーションを通した相互理解にあると考えられよう。我が国の二十一世紀における国際関係を鑑みた場合、国際語的役割りを現在はたしている英語の重要性がますます強まり、特にコミュニケーション・スキルの習得を目指す英語教育の期待が高まって行くものと思われる。

　また、この「英語の第二公用語化論」が唐突に提案され、公用語

化というあまりにも飛躍した議論になっている背景には、英語のスキルを身につけたいという積極的な意味での願望という範疇を越えて、英語力がないと国際社会で孤立してしまうのではないかという強迫観念があるのではないかと思えてならない。これは、80年代以降のバブル経済の崩壊による我が国の国際舞台での影響力の衰退に対する、焦燥感・危機感が根底にあり、多少ヒステリックになっているのではないかと思われる。そもそも公用語は、田中（2000）によると、「国内で、それを用いることが当然とされる優勢言語と並んで、相対的に劣勢な言語を話す住民集団があるばあい、政府は、その劣勢な住民の言語を公的に用いる権利を法律によって認めて公用語に指定する」[1]と指摘しており、国内の定住集団の母語でない外国語を公用語とした例は無いのではないかと疑問をなげかけている。

　しかし反面、このように外国語（英語）が公用語化論の対象になるほど、我が国は英語習得に情熱を傾けてきたともいえよう。幕末から明治中期にかけては、諸外国の知識や技術を吸収するため、もしくは高等教育において学問を行うための言語として、実用的な英語力の習得に努めた。その後は、中学校、高等学校、大学への進学率の上昇とともに、志望校に合格するため、いわば選別の道具としての英語知識を身につけるようになった。そして、経済大国・技術立国と称えられるようになった今日では、国際関係が緊密化して絶えず情報交換が必要な状況であり、英語でのコミュニケーション能力の習得が期待され、その学習成果がきびしく問われる状況にあるのではなかろうか。故に、「英語の第二公用語化論」はある意味で、

英語の習得が今日の日本人にとっていかに重要な課題であるかを象徴したものであるともいえよう。

　この今日の重要な課題である、「英語によるコミュニケーション能力」を身につけさせるため、中学校における英語の学習内容は、コミュニカティブな能力育成に重点をおいたものに変革してきている。1989 年の中学校学習指導要領の改訂により、学習目的は「外国語で積極的にコミュニケーションする態度を育成する」となり、コミュニケーション能力の習得を目指すことが強調された。さらに、2002 年度から施行された小学校学習指導要領では、「総合的な学習の時間」において、公立小学校 3 年生以上を対象にして国際理解教育の一環として外国語（会話）が行えるようになった。これは英語の学習開始年齢の引き下げという意味から、戦後もっとも大きな改革で注目されたものであり、学習指導要領において学習内容は、次のように謳われている。

　　「国際理解に関する学習の一環としての外国語会話等を行うときは、学校の実態等に応じ、児童が外国語に触れたり、外国の生活や文化などに慣れ親しんだりするなど小学校段階にふさわしい体験的な学習が行われるようにすること」[2]

　そして、2000 年度からこの学習指導要領の移行期として、各学校の裁量で英語活動を行うことが可能になった。この「総合的な学習の時間」では、環境・情報・健康／福祉・国際理解等の様々な分野から授業担当者が自らテーマを選択し、教材・指導形態等、教師が工夫をこらして創り上げることになっている。「総合的な学習の時間」

が即英会話の授業というのではなく、複数の分野の中に国際理解が一選択肢としてあり、その一環として「英会話等」を扱うことができるようになったというのが実情であった。この「総合的な学習の時間」での英語活動が英語習得の原点（出発点）になり、その後の中学校・高等学校・大学での授業に多大な影響を及ぼすため、この様な英語教育の早期化は、教育の連続性・継続性・接続性からみて、英語教育に携わるすべての教員に関わる重要な問題である。さらに、小学校高学年において英語が教科として位置づけられようとしている中、英語に対する学習開始年齢が引き下がることによる、学習方法・学習内容などの検討は重要かつ不可欠なことであろう。

　この学習の早期化については、大脳生理学の分野では Wilder Penfield、Eric H. Lenneberg などが 9 〜 12 歳以上の年齢に達すると、第二言語を習得することは困難になるという臨界期仮説を唱えている。心理言語学の分野では、Stephen D. Krashen が思春期を境にして、言語習得が困難になると考えた。同じ分野の研究者である Danny D. Steinberg は、発音のみ年齢の影響を大きく受けると結論づけている。社会言語学・心理学の分野では、Wallace Lambert、Robert Gardner が、学習者の態度や動機付けの観点より、早期から第二言語を使用した者の方が他民族や他文化に対して、寛容性・受容性がより備わると主張している。

　このように多様な分野からのアプローチにより、多くの研究者が言語習得と年齢に関する研究の中で、習得の最適年齢もしくは臨界期などの仮説に基づいて様々な学習条件を唱えている。21 世紀の我

が国にとって「英語の第二公用語化論」が提言されるほど、英語の
スキルが重要な能力とみなされ、その習得成果が切望される中、開
始年齢の差異が学習成果に及ぼす影響を第二言語習得理論の視点か
ら考察し、小学校における英語教育に対しての提言を模索すること
は、今後実施されていく教育内容を充実させるために、重要かつ不
可欠なことであろう。さらに、「総合的な学習の時間」における国際
理解の一環として行う英語活動が、社会的要請であるコミュニケー
ション能力の育成に対して、そもそも適切な学習形態であったかの
議論も欠かせないものである。なぜならば、それらを踏まえること
によって、「英語の教科化」へとつながる教育改革の流れが理解しや
すくなると思われるからである。

　本研究では、単なる英語活動ではなく言語習得を目指した英語教
育に関して、第二言語習得理論の視点より小学校英語教育における、
「学習方法」、「学習内容」を検討し、提言を試みるものである。小
学校教育における直近の大きな変革である、「英語の教科化」という
英語の運用能力を目指した言語習得のための英語教育を議論する上
で、本研究内容は重要な意義を持つものと思われる。

Ⅱ．目的と構成・・・用語の整理と本研究の主張・・・

　本研究で用いられる英語教育という表現は、英語の運用能力を育成するための言語習得活動を意味するものとする。他方、英語学習という表現の意味は、英語に慣れ親しむことが活動の目的である場合とする。また、本研究の目的は、英語教育が小学校で広く認知され適切に行われるようになるために、以下の3つのことを明らかにすることである。

1．第二言語（外国語）習得の学習開始年齢はいつが適当であるのかを、先行研究を比較検討することによって第二言語習得理論の視点から考察し、我が国の小学校における英語学習が3年生以上を対象にしていることがはたして適切であるのか。

2．どのような「学習方法」が、小学校英語教育には適切であるのか。

3．どのような「学習内容」が、小学校英語教育には適切であるのか。

　年齢と言語習得の関係は古いところでは、16世紀のスペインの思想家 J.L. Vives(1492-1540)が、7歳から15歳位までは外国語学習に集中させるべきであると唱えた。他方、17世紀のチェコスロバキアの聖職者・教育改革家 J. A. Comenius（1592-1670)は、先ずは母国語をしっかり学習させ、外国語は12歳前後から実施すべきだと主張した[3]。

　このように外国語習得の最適開始年齢に対する意見は、古くから分かれるところである。最近の研究では、大脳生理学という新たな

分野も開けたが、初めて解剖学的に低年齢による言語習得の優位性に対して考察を加えたのは、カナダの大脳生理学者 Wilder Penfield である。彼は 1950 年代に失語症の患者に関して、脳外科手術による子供と大人の言語回復には差があることから、その差は脳皮質の柔軟性からきたものであると結論づけた。そして、ある年齢以上に達して脳の可塑性が減少するにつれ言語習得が困難になると主張した。この脳の可塑性による言語習得の優位性の主張は、今日の大脳生理学の研究者からも支持されており、植村(1998)は「小さければ小さいほどそれぞれの言語中枢が独立をする」[4]とし、脳が十分な可塑性を備えている年齢の間に、特定の中枢言語が脳内に確立される重要性を主張している。澤口(2000)も「言語的知性の変容(可塑性)の程度は八歳くらいまでをピークとして十五歳ころまで急速に減少する」[5]と述べ、脳が可塑性を十分に備えている間の言語習得の優位性を強調している。

　他方、1970 年代後半から 1980 年代にかけて、心理言語学者の Stephen D. Krashen は心理言語学的アプローチにより、「ナチュラル・アプローチ」という具体的な第二言語の指導法を提案し、第二言語の習得効率を決定づける要因は、年齢的差における身体的要因ではなく、情意的な要因であると主張した。このナチュラル・アプローチは、日本の児童英語教育の実践家に幅広く受け入れられ多大な影響を与えた。その実践家の一人である松香(1995)は、我が国で受け入れられた要因の一つとして、「母親や父親が普通に子どもに接しながら母国語を獲得させていくプロセスと同じであるため、理解しやすい」[6]

7

と述べ、指導法の実践の容易さを指摘し、その影響力の強さを強調している。

さらに、1980年頃、心理言語学者の Danny D. Steinberg は、運動技能の視点から「第二言語における母国語話者並みの発音の習得については、子どものほうが成人よりもたけている」[7] とし、発話における発音について子どもの優位性を指摘した。そして、心理言語学的分野の研究を多角的に捉えて、第二言語習得と年齢についての研究成果を多数残している。

また、発達心理学者の高橋、波多野(2000)は、知的発達過程における幼児と高齢者の比較を通して、「人間の乳幼児の示す有能さは、彼らが新しい知識をすばやく身につけるところに最も明確に現れる。その典型的な例が言語である」[8] とし、言語習得における低年齢の優位性を指摘している。

そして、文化人類学者・社会心理学者の箕浦(2000)は、文化的視点より、8〜9歳頃以降は異文化に対する抵抗感が強まっていき、その結果、第二言語の習得のされ方に影響を及ぼすと次のように述べている。

「一つの文化圏の意味空間が心の中にできあがってくるにつれて、それとの対比で、異なる意味空間を認識することができるようになり、それとともに違いを察知・報告することが可能になり始める。八〜九歳ごろがこの時期にあたり、これ以降、一つの文化から他の文化への移行に抵抗を感じ始めるようであった。

八歳以前はホスト社会の言葉を覚えるのも速く、短期間で第

一言語が第二言語に対する優位を失い易い。九歳以降は、第一言語に第二言語が付加されることが多いことも観察された」[9]

　これらのように第二言語習得における年齢の問題は、生物学的・心理言語学的・知的発達的・文化的視点などから、各々の研究者がそれぞれの理論を主張している。それらの視点の中で特に本研究では、英語の学習開始年齢がもたらす学習者の身体的・心理的な検討、いわゆる大脳生理学と心理言語学の視点から考察を試みるものとする。具体的には、初めて解剖学的な視点によって大脳生理学から年齢と言語習得の関係を研究した Penfield、ナチュラル・アプローチなどの提唱により我が国の児童外国語教育に多大な影響を与えた Krashen、心理言語学の分野を多角的に研究した Steinberg という、今まであまり関連性をもって取りあげられていない 3 名が主張した第二言語習得理論を対象とする。

　本研究では、最初に、小学校英語教育に対して議論されるべき論点を明らかにするために、日本において公立小学校での英語学習がなぜ導入可能になったかの社会的要因に関して、「英語の言語としての国際的地位」、「英語教育の変遷の要約」、「我が国の代表的な英語教育論争」などを通して検討して行く。そして、今日の社会的な要請や期待に対して、小学校においてなされるべき英語教育の学習方法・学習内容・教育目標などに関する筆者なりの提言を第二言語習得理論の視点から試みるものである。

第 I 章　小学校英語教育の導入に関する
　　　　社会的背景

　なぜ小学校において「英語」という外国語を学ぶ機運が高まり、英語学習の導入が可能になったのであろうか。日本人にとって英語を習得することにどれ程の意義や価値があるのであろうか。これらは、英語を教える側・教えられる側、双方がいだく素朴な疑問であろう。

　この章では、それらの疑問を検討するため、世界で英語という言語がどれだけ使われているのか使用人口の現状を把握し、英語使用が拡大した様々な要因を将来の展望とともに議論して行く。このことにより、日本人にとって英語を学ぶことの意義や価値を把握するものとする。さらに、それら英語習得の意義や価値と関連性を持たせて、我が国で英語教育がどのように扱われてきたかの英語教育の変遷の要約と代表的な英語教育論争を考察し、なぜ公立小学校で英語学習の導入が可能になったかの社会的要因、及びその背景を議論して行く。また、これらの議論をふまえて、公立小学校の英語教育導入のあり方について言及し、第二言語習得理論の視点から、より一層検討されるべき論点を明らかにする。

Ⅰ－1．世界における英語の拡大についての議論

①英語使用人口の現状と将来の展望について

　今日、世界中でどのくらいの人達が英語を使用しているのだろうか。日本での英語公用化の議論や、小学校から英語学習の必要性がさけばれることなどが象徴するように、英語の習得が大切なのは誰もが漠然と感じ取ることができるであろうが、実際世界中でどのくらいの人達に通用する言語なのであろうか。この世界での英語使用人口について McCrum et al. (1989)は、次のように述べている。

　　「今日、約 3 億 5000 万の人が英語を母語としている。それに加え少なくとも 4 億の人が英語を第二言語とし、宗教やイデオロギーの別を超えて、通商・政治の言語として世界中で用いられている。おそらく総計 10 億以上の人が英語を用いると推定され、これは世界人口の少なくとも 4 分の 1 に相当する」[10]

　このように世界人口の 4 分の 1 という巨大な英語の使用人口であるが、人口の多さというと中国を思い浮かべるであろう。しかし、中国は言語が単一ではなく、多くの方言があるため、言語使用人口の点では、英語が世界で一番多く使われている言語ということになる。さらに、単に使用人口が多いだけではなく、国際社会を牽引する重要な専門分野で独占的に英語という言語が使用されているという状況が、英語という言語を特別重要なものにし、強制的あるいは半強制的に使用人口を増やしているという側面があるのではなかろうか。この点について津田(1991)は、次のように国際政治における

英語偏重について指摘している。

　「国際政治の中核とも言える国際連合では、言語の不平等がまかりとおっている。国際連合の公用語は英語のほか、アラビア語、中国語、フランス語、ロシア語、スペイン語の六ヶ国語に限られており、西洋語中心で、大国中心である。これが公式文書作成用語となると、英語、フランス語、ロシア語、スペイン語に限定され、西洋語のみとなる。しかも、これらの中でも、英語とフランス語が主要言語となっており、国連文書の約 90 パーセントは英語で記されている。そして、会議では、これら大国の言語のみが使用されており、その結果、連合加盟国のおよそ 40 パーセントは自国語を使えないのが現状である。つまり、会議の発言もままならず、国連の記録を理解するには、これらの西洋語に熟達しなければならないという現実が非西洋圏の人々の前に立ちはだかっているのである」[11]

　さらに津田は、このような国際政治の分野ばかりではなく学問の領域でも英語の支配構造が進んでおり、国際的な学術会議の多くでは英語を共通言語として行うため、コミュニケーションにおいて英語民族の学者達が会議の主導権を握り易く、非英語民族の学者達は不平等な言語状況に置かれているとしている。また、論文に関しても、国際的な学術刊行物のほとんどが現在英語で出版されているため、国際的に評価されるためには英語で論文を書く必要があり、非英語圏の学者にとって大きな負担になっていると指摘し、次のように「1965 年と 1981 年の英語で書かれた学術出版物の割合」を比較し

て、学問分野における英語使用の実態を明らかにしている。

表 1　　英語で書かれた学術出版物の割合

分野	1965 年	1981 年	増加率
化学	50 %	67 %	17 %
生物学	75 %	86 %	11 %
物理学	73 %	85 %	12 %
医学	51 %	73 %	22 %
数学	55 %	69 %	14 %
平均	61 %	76 %	15 %

出所）津田幸男『英語支配の構造』第三書館 1991 年 31 頁

　このように世界の学術論文の 76 %（平均値）が英語で書かれており、その割合は増加し続けているのが現状で、この状況を鑑みて佐藤（2000）は、日本の研究者にとって英語の能力は不可欠であり、英語で研究を発信することの重要性を次のように述べている。

「英語で論文が書ける、英語で研究発表ができる、英語で討論ができる。文学、文化研究の世界も国際化の時代をむかえ、国家の枠を越えての交流が盛んになると、現時点で『世界共通語』的役割を果たしているのが英語であるから、研究者に英語の能力が求められるのは当然かもしれない。・・・（海外で行われた

国際会議）のような場に出席していつも感じるのは、日本の研究業績がいかに海外に知られていないかという歯痒さである。『えっ、日本でアメリカについてそんなに沢山の研究書が書かれているの！』などと反応されると、改めて英語で発表される研究成果の少なさに、気が滅入ることもしばしばだ」[12]

　この指摘のように学問の分野ではますます英語という言語を使用して研究成果を発信することが必要になり、日本人を含めた非英語圏の学者は専門分野の研究と同時に英語の研鑽が要求されるという現実に直面している。また、これら国際政治や学問の分野に加えて、McCrum et al. は次にあげた分野においても、圧倒的に英語が使用されていると指摘している[13]。

1．世界の郵便・テレックス・ケーブルの 4 分の 3 は英語が用いられている。

2．世界のコンピューターに収められている情報の 8 割は英語を媒体としている。

3．ヨーロッパにおける商取引のほぼ半数は英語でおこなわれている。

4．世界的な催し物（オリンピックなど）では英語が主要言語として扱われる。

5．航空界・海運界の言語である。

6．世界教会協議会において世界的に英語が用いられている。すなわちキリスト教界の言語である。

7．世界五大放送局（CBS, NBC, ABC, BBC, CBC）では、常時 1 億を

超える視聴者に英語で放送をおこなっている。

このように生活に密着した分野においても英語使用の拡大がもたらされており、特にここ数年で爆発的な広がりを展開しているインターネットなどの情報関連では、英語を主要言語として世界中のコンピューターを結んで瞬時に交信するという新たなコミュニケーションの道具を使用して情報のやりとりが行えるようになった。この21世紀にますます拡大するであろうコンピューターによる新たなコミュニケーション手段で圧倒的な優位性を築き上げた英語は、今以上に世界的規模で使用人口が増えていくのではなかろうか。

コンピューターなど新たな媒体を通して英語が世界規模で急速に拡大し、その国際共通語的役割りの優位性が確立される現国際社会において、本名（2000）は、現在のアジアにおける英語の扱いは強制的に押しつけられたものではなく、自ら学ぶという積極的かつ能動的なものであると、次のように述べている。

「英語はアジアの言語である。英語はアジアの政治、経済、貿易、観光、留学などの分野で重要な役割を果たしている。そして、人びとの英語への関心はますます強まっている。英字新聞の購読者数は年々増え、英文雑誌や単行本の需要も拡大している。英語による高等教育機関の設立や、国際イベントの開催も目を引く。小説、詩、演劇も裾野を広げている。アジアは世界最大の英語地域なのである」[14]

さらに本名は、アジアでの英語振興の具体的な諸機関の例として、「東南アジア諸国連合（ASEAN）は英語を国際語として振興するた

めに、早くも 1965 年に SEAMEO（South East Asian Ministers of Education Organization 東南アジア文部大臣機構）を組織し、1968 年にシンガポールに RELC（Regional English Language Centre 地域英語センター）を設立した」[15] と紹介し、アジアでの英語学習の取り組みと関心の高さを指摘している。

　このように自ら進んで積極的に英語を学習するという国が増えてきているのは、国際語として多くの国々から英語が認知されている証でもあり、「全世界の非英語国では 76 パーセントの子どもが英語を学んでいる」[16] と津田は指摘している。学校での英語学習を通して、日常的には使用しないが英語を理解出来るという潜在的な英語使用人口を含めると、まさに英語は「国際語」という地位を確立した言語であり、21 世紀は諸外国との対話がより一層重要になることから、今後ますます「国際語」としての優位性を強固なものにして行く言語であろうと思われる。

②英語使用の拡大要因について

　世界には 3000 とも 4000 ともいわれる言語の種類が存在しているが、英語はその中でもむしろ歴史的に浅い言語である。石黒他（1993）は他のヨーロッパのいくつかの言語と歴史的長さを比較して、次のように述べている。

　　「ヨーロッパの他の言語、例えば、ドイツ語、フランス語、スペイン語、イタリア語などに比べて、英語の歴史は非常に短い。もちろん、英語にも古期英語、中期英語、近代英語の三期があ

り、それぞれ数百年にわたって変化成長をとげてきたのである
が、中期英語といってもせいぜい紀元後数世紀頃からその存在
が知られ、それ以後数百年の歴史しかもたない言語で、他の言
語に比べると若い言語といえる」[17]

さらに、McCrum et al. は、ジュリアス・シーザーが約 2000 年前に
ブリテン島に上陸したときには、英語という言語すら存在していな
く、16 世紀の終わり頃になって 500 万ないし 700 万人のイギリス人
が母語として使用していた言語にすぎないとし、「同時代人の言葉を
かりれば、『その使用範囲は狭くして、われわれの住まいなすこの島
の域を出ずることなし。否、この島とても全域にて用いられるに非
ず』といった状態であった」[18] と指摘している。

このように歴史的に浅い英語が現在では世界で 4 人に 1 人が使用
しており、今後もその使用人口は前述したように増加の一途をたど
ると椎測されるが、なぜ短期間で英語だけが国際語になり得たので
あろうか。それについて石黒他は、外的要因と内的要因という観点
から英語が国際語として急速に拡大した要因を指摘している。次で
は、その分類に従ってそれら諸要因を検討して行きたいと思う。

(a) 英語拡大の外的要因

石黒他は、英語が国際語としての言語的地位を確立した外的要因
として、次をあげている [19]。

　1. 英語国の政治、軍事力‥‥‥西側世界のリーダーが英米であ
　　ることには論をまたない。英米はその強力な政治、外交手

腕で第二次大戦以後の西側世界を主導して来たし、その実力も十分備えていた。これは完ぺきに防備された政治思想をかざし、世界一、二の軍事力と軍備をもつ強国として、イギリスが 17 世紀の西欧世界に台頭して以来のことである。

2. 英語のもつ伝統・・・・・16 世紀以後、イギリスは西欧社会の中では後発とはいえ、各時代に優れた文学者、文学作品を生み、哲学、科学の方面でも多くの逸材を人間の歴史におくり込んだ。

3. 英語のもつ経済力・・・・・政治宣伝、商業宣伝の実をあげるためには、それをバックアップする財力が不可欠である。英米は本国、旧植民地などからの豊富な資源に恵まれて、出版、商品の開発、広告事業に多大の資本を投入し、その方面の成功と共にそのための手段として英語は飛躍的に普及した。

4. 英語国の社会体制・・・・・英米は社会的に見て、人口の大きさ、教育の普及度、情報伝達の自由さと、そのための手段の発達においても世界有数であり、英米の慣習は人間生活の多くの分野で取り入れられ、影響を与えている。

筆者にはそれらの内、政治力・軍事力・経済力の視点が最も重要だと思われる。なぜならば、その 3 つの要素はしばしば「国力」を支える重要な要因として扱われているからである。では、国際社会における国力、つまり国家の「力」に対しその 3 つの要素の内どれが最も影響力があるのであろうか。坂本 (1992) は、それは軍事力で

あると次のように指摘している。

　「『力』という観念、つまり『パワー』という観念は、第一義的に
　は軍事力を指すのが特徴である。つまり、狭義の軍事的手段以
　外の諸要因、例えば自然地理的諸条件、経済やテクノロジーの
　面での諸条件、国内政治的諸条件、その他種々の異なった範疇
　の諸条件が、軍事力の諸要因として読み替えられる点に特徴が
　ある」[20]

　故に、外的要因において特に強調されるべき点は軍事力であり、
言語の拡大には軍事力が深く関わっているものと捉えることができ
よう。英語が今日のように国際語として広がって行ったのは、英国
・米国という英語国の国家の「力」によって軍事的に占領され、言
語的・文化的支配を受けた地域がもっとも多かったことに大きな要
因のあったことは否めないことであろう。このような言語が持つ支
配的な側面について津田は、国力の大きい国の言語は、強い支配力
と統制力を所有するとして、言語は「政治的存在」でもあると次の
ように指摘している。

　「言語はコミュニケーションの手段であるにとどまらず、集団や
　共同体を統制したり、他集団や他国家を抑圧、排除する装置と
　しても機能するのである。つまり、政治・軍事・経済力の強い
　国家の言語は、その国民に対しては強い統制力を持つことは勿
　論のこと、他国家に対しても、強い支配力を有することになる」[21]
　言語と国家支配のつながりは、古期英語の成立から現代英語への
歴史的変遷過程をみてもうかがうことができよう。英語はインド・

ヨーロッパ語族の中でもゲルマン語から派生している。およそ 1500年前に、ゲルマン部族であるアングル人・サクソン人・ジュート人がイングランドに移り住んだことで、彼等の言語が English と呼ばれ英語が誕生した。それ以前は、紀元前 6 世紀ぐらいにブリテン島にやって来たケルト人が定住しており、ケルト語が使われていた。その後、ローマ軍が紀元前 55 年以降に数回攻めてきて、ブリテン島はローマの属領となり、行政・軍事上の公用語はローマ人が使用していたラテン語になった。ローマの支配は約 400 年間続くが、ローマ帝国が崩壊した後、西暦 400 年中期頃にゲルマン部族が占領し、彼等が使用していたゲルマン語が公用語となり、現在の英語という言語の基礎になった。そして、学問の言語として教会で使われていたラテン語に、キリスト教への改宗によって再び言語的影響を受けることになる。その後、1066 年、国王エドワードの王位継承をめぐり、ヘイスティングの戦いで勝利をおさめたエドワードの血縁であるウィリアムが王位につくことになるが、ウィリアムはノルマン人でフランス語を使用言語としており、フランス人を政治などの重要な要職にあてたため、現在の英語の形成にフランス語が多大な影響を与えることとなる。

このように英語という言語が確立されるごく断片的な歴史的過程をみただけでも、いかに言語が支配者によって影響されるのかをうかがい知ることができよう。社会的強者である支配者が自らの意志を被支配者に認識させ浸透させるには、言語は大変重要な役割をはたす。故に、支配者は常に被支配者に自国の言語を押しつけてきた

という歴史的経緯があり、今日における世界での使用言語の分布は
ある一面で、支配者と被支配者の関係を映し出す鏡のようなもので
もあるといえよう。特に、斉藤(1991)によると、「19 世紀末の 30 年
間は『世界分割』の時代」[22] と指摘しており、列強の植民地領有（面
積・人口）を次のように表している。

表 2　列強の植民地領有

1914 年	（面積 × 100 万 km^2）	（人口 × 100 万人）
イギリス	33.5	393.5
ロシア	17.4	33.2
フランス	10.6	55.5
ドイツ	2.9	12.3
合衆国	0.3	9.7
日本	0.3	19.2

注）斉藤孝編『国際関係論入門』有斐閣双書 1991 年
　　131 頁より著者作成

　この表で示されたように列強諸国の中でもイギリスはきわだって
領有面積・人口が多く、面積に関しては第 2 位のロシアの約 2 倍、
人口については第 2 位のフランスの約 7 倍をも占有していた。この
ような世界各地での植民地化が、津田が主張するところの軍事力に
よる暴力支配に加えて、弱者の言語を抑制し、強者の「言語支配」

による意識の支配を浸透させて行ったものと思われる。故に、帝国主義による世界への膨張は、今日の世界的な英語の拡大を生じさせた最大の要因であるといえよう。

(b)英語拡大の内的要因

　他方、石黒他は世界における英語の優位性の確立について、内的要因として次をあげている[23]。

　　1．易しい文法体系‥‥‥英語の文法は他の西欧諸国に比べて易しいといわれる。語形変化がきわめて明快なことや、慣用句的表現も少なく、他言語からの直訳によっても十分意味の通じることからわかる。語順が定着し、格変化も少なく、動詞の変化も簡単であるが、その表現力は無尽で深い、という現代語として理想的な姿を保っている。

　　2．語彙の豊富さ‥‥‥英語の語彙は『オックスフォード英語辞典』に所載のもので約 60 万語といわれ、その中にはギリシヤ語、ラテン語をはじめ、ヨーロッパの現代語のほとんど、中東、東南アジア、中国語、日本語を含めた東洋の諸語からのものがあり、これも世界言語の中でもっとも豊かな広い分布をしている。このことで学習者は親近感を覚え学習が容易になる。英語の造語法も平易で、品詞の変換も可能であり、極端に言えば、単語を並べるだけでかなりの程度の会話ができるという便利さもある。

　　3．発音の易しさ‥‥‥世界の言語の話しことばの音調は大別し

て、1）強弱型（Stress Language）、2）高低型（Pitch Language）、3）音調型（Tone Language)に分かれる。1）の強弱型のうち代表的な言語は英語で、2）の高低型は日本語、3）の音調型は中国語であるが、この中では強弱型の英語が最も発音が容易なものである。つまり、音節を強く発音すれば全体のバランスが自然に決まるという利点をもつ。また、英語はその音体系を構成する音素の数が比較的少なく、その点でも発音の簡素さが伺える。

4．歴史的背景‥‥‥歴史的背景には、骨格に当たる部分にゲルマン語、手足に当たる部分にロマンス語（ラテン系）がある。文化的背景にも、原初のケルト系文化、ドイツ・ゲルマン系文化、ラテン系文化と、ヨーロッパを代表する諸文化を吸収し、民族的にも、ケルト、ゲルマン、ラテンの混血が程よく見られるというヨーロッパ文化の総合ともいうべきものを備えている。

この他言語との共通性については、McCrum et al.もまた、現代英語が形成される過程によるヨーロッパの他言語との言語的な共通性を強調しており、共通性を持った他言語を母語とする人達にとって互いに習得し易い状況にあると、次のように述べている。

「人類の言語のうち約3分の1が、インド・ヨーロッパの『共通の源』に遡れることが、今日では明らかになっている。そのなかには、ラテン語のヨーロッパにおける子孫にあたるフランス語とスペイン語や、壮大なスラブ語であるロシア語や、アイル

ランド語やスコットランド・ゲール語などのケルト諸語、そし
　て、ドイツ語から枝分かれしたオランダ語や英語が含まれてい
　る」[24]

　このように数千存在する言語の中では、言語的共通性を持った他
言語が多く、比較的易しく習得できることが、幅広い分野で英語が
受け入れられている理由の一要因であるかもしれない。しかし、筆
者は言語的な共通性や習得の容易性もさることながら、言語として
表現の豊かさという点で完成度の高さがなければ、世界で広く受け
入れられることは、たとえ他の要因が英語拡大に働いたとしても困
難であったように捉えている。

　以上のように英語使用の拡大要因については、外的要因と内的要
因という観点から検討してきたが、外的要因で特に強調されるべき
ものは「国力」であろう。英国・米国という英語国がその巨大な国
力を背景に、帝国主義に基づき世界への膨張政策をとったことが現
在の英語使用の拡大をもたらした最大の起因であると捉えることが
妥当であろう。また、内的要因としては、英語は習得の容易性と表
現の豊かさの両方を満たしている言語であること、さらに、他のヨ
ーロッパ諸国の言語と起源を共有しているため多くの国々の言語と
共通性を有し、特に世界的な影響力を強く持つヨーロッパ列強諸国
の人々にとってより習得し易い言語であることが、国際的な認知を
得られやすくした要因の一つでもあったと思われる。

（注）

1） 田中克彦「英語を公用語にするためには」『英語青年』9 月号、
2000 年、21 頁。

2） 文部省『小学校学習指導要領』 1998 年 12 月、3 頁。

3） 五島忠久「児童英語教育がめざすもの」『児童英語教育の常識』
日本児童英語教育学会編、1995 年、13 頁。

4） 植村研一「外国語学習は何歳まで可能か」『英語教育』6 月号、
1998 年、13 頁。

5） 澤口俊之『幼児教育と脳』文藝春秋、2000 年、86 頁。

6） 松香洋子「ナチュラル・アプローチの試み」『児童英語教育の常
識』日本児童英語教育学会編、1995 年、110 頁。

7） Steinberg, D. D., *An Introduction to Psycholinguistics*, Longman, 1993, p. 185.
竹中龍範、山田純訳 『心理言語学への招待』大修館書店、
1995 年、208 頁。原書にあたり原文と照合して内容を確認した後、
訳文を用いた。以降の本書からの引用も同様である。

8） 高橋恵子、波多野誼余夫『生涯発達の心理学』岩波新書、
2000 年、127 頁。

9） 箕浦康子『文化のなかの子ども』東京大学出版会、
2000 年、85 頁。

10） R. McCrum, W. Cran, R. MacNeil, *THE STORY OF ENGLISH*, Intercontinental
Literary Agency, 1987.
岩崎春雄他訳『英語物語』文藝春秋、1989 年、50 頁。

11） 津田幸男『英語支配の構造』第三書館、1991 年、24-25 頁。

12）佐藤宏子「失うものを考える」『英語青年』9 月号、
2000 年、20 頁。

13）R. McCrum, W. Cran, R. MacNeil, 前掲書 10）、訳書 21 頁。

14）本名信行「アジアの英語事情」『英語教育』4 月号、
2000 年、42 頁。

15）同上、42 頁。

16）津田幸男、前掲書 11）、26 頁。

17）石黒昭博他『現代英語学要説』南雲堂、1993 年、7 頁。

18）R. McCrum, W. Cran, R. MacNeil, 前掲書 10）、訳書 20 頁。

19）石黒昭博他、前掲書 17）、15-16 頁。

20）坂本義和『地球時代の国際政治』岩波書店、1992 年、49 頁。

21）津田幸男、前掲書 11）、10 頁。

22）斉藤孝編『国際関係論入門』有斐閣双書、1991 年、131 頁。

23）石黒昭博他、前掲書 17）、15-17 頁。

24）R. McCrum, W. Cran, R. MacNeil, 前掲書 10）、訳書 73 頁。

Ⅰ－2．日本における英語教育についての議論

①英語教育の変遷と論争について

(a)英語教育の変遷の要約・・・戦前を中心に・・・

　幕末から明治前期にかけて英語は、多様な諸外国の知識や情報を得るための主要な言語であった。特に 1897 年頃までは、官立高等教育機関において学問をおこなうためには輸入された学術書を理解し、「お雇い外国人講師」の講義を受けるために、英語の運用能力は不可欠なものであった。そのような状況では、英語教育の目的や意義に対して何ら疑問すら抱くことなく英語の習得がなされていった。「英語教育の目的や意義とはなにか」、「なぜ我々は英語を学習しなければいけないのか」という現代にも通ずる英語教育に対しての疑問を多くの人達が抱き始めたのは、高等教育機関で学問を教授するために英語を使用する必要がなくなったことに起因する。明治末期から大正期頃になると、高等教育機関で教授することができる日本人が育ってきて、もはや「お雇い外国人講師」に頼る必要がなく、日本語で授業を行うことが可能になった。それに加え、日本語に翻訳された学術書も豊富になり、もはや英語ができなくても学問をおこなうことができる環境が整った。このような状況になると、英語は学習者にとって実利的な面が希薄になり、その結果、英語の学習目的や意義が問われるようになった。山口（2001）は、このような社会的要因が英語教育における「実用的な英語」から「教養中心の英文学」への転換をもたらしたと、当時の英語教育界の権威である

岡倉由三郎（東京高等師範学校英語科主任教授）に関する研究を通して、次のように述べている。

「もはや不要となった『英語』をなぜ教授するのか。岡倉は『英語教育』の中で『自分は英語は元来、実用を目的とするものなることを正確に会得せしむるを最至当と考える』が、『然らば、実用とは如何なる意味ぞ』と問いかける。・・・たとえば『数学で、微分積分を学んだ後、日常の実際生活にどれ程使用されるであろうか』。いまや英語は、この数学と同じく思考力養成のための学科であり、『是等の学習は、其まま直接に使用するが目的で無く、如何なる方面に向かっても努力を加えさえるれば応用し得らるる一種の素養を造るに他ならぬ』という。・・・それまでの英語教授が『実用的価値』を重視してきたのに対し、岡倉の英語教育が目指すところは、『英語を通じた人格修養』であると設定されたのである」[1]

このような人格形成のための教養としての英語教育への転換は、岡倉一人が提唱して牽引していったというよりは、多くの英語教育者の英語教育の存亡をかけた議論を代表したものであったと思われる。社会的な必要性・実用性が低くなった聞くこと話すことを中心とした英語に対して、教養のための文学を利用した英語教育は日本語への訳読を中心としており、外国人講師には不向きな教授内容であり、日本人が教えることに対して新たな意義と価値を持たせたという点で、当時の英語教育者に歓迎されたにちがいない。

さらにこの訳読を中心とした「英文学」は、大正期の中等教育へ

の進学率が高くなることによってもたらされた受験の激化により、「受験英語」として利用されることになる。山口は、「受験英語」の誕生について次のように指摘している。

「1903（明治36）年に南口恒太郎が出版した『難解分類英文詳解』がある。これは学校の教室で読まれる『英文学』から抽出した難解な単文 1189 題に訳文を付けた慣用句集だった。・・・こうした受験参考書の多くが収録する例文を求めたのは、学校の教室で使用され入試問題にも頻繁に引用された英語の教科書であった。・・・そのため『受験英語』でも『英文学』の文書が読まれたのである。こうした事情から、受験に頻出する『英文学』のテキストから解釈が難しい部分、とくに装飾的な表現と慣用句が多用されて読みにくい文書や不規則な構文で書かれた文書を抜き出し、それらをまとめたのが（南日恒太郎の『難解分類英文詳解』、山崎貞（1912）の『英文解釈研究』、小野圭次郎（1921）の『英文解釈』）などの代表的な受験参考書であった」[2]

この「受験英語」の出現によって、新たな英語の学習目的が付与されることとなった。それは、コミュニケーションの道具としてでも、人格形成のための教養教育としての英語学習でもない、試験に出題されるものを読みこなしていく読解技法の習得である。そこには本来問われるべき英語教育に対する意義や目的が、「希望校に合格するため」という目標にすべてすり替えられ、英語が単なる選別のための道具と化してしまった。この「受験英語」はその後の高等教育の大衆化にともなう受験の激化によって、ますます勢力を拡大し

今日でも英語教育にとって大きな地位を占めていよう。

このように明治末期から大正、昭和の初期を通して、英語教育は「教養としての英語」あるいは「受験英語」が主流で、文学を中心とした訳読が行われていたが、1930年代（昭和9年前後）に「英会話ブーム」が生じた。この英会話ブームは、民間を巻き込んだ国策的な国際交流がおこなわれたことによるとして、山口は、この国際交流・英会話ブームは日本の当時置かれていた国際的な立場による危機感から生じたものであると、次のように指摘している。

「国際連盟脱退(1933、昭和8年）後の日本では、諸外国との交流が禁止または自粛されていくどころか、逆に『誤解された日本』像を是正するために Nippon を『世界』に発信する国際交流が、さまざまな主体によって盛んに行われていったのである」[3]

その後の英会話ブームも国際社会での日本の立場を意識した時に生じており、例をあげるなら、第二次世界大戦敗戦後の米軍による日本の占領期、「世界」を身近に感じることとなった東京オリンピックの前後、モノ・人・金・情報の国際的相互依存が高まった現代をあげることができよう。

(b)英語教育の論争・・・戦後を中心に・・・

社会的要因は、我が国の英語教育の変遷に強く影響しており、社会状況が変わり英語への必要性・期待感が移ろうことによってその都度、英語教育の意義や目的が問われてきた。その結果、多くの研究者・教育者などを巻き込んだ英語論争へと発展したこともあり、そ

の中でも代表的な英語論争は昭和初期の「英語存廃論争」と、昭和49年の平泉試案が発端となった「英語教育改革論争」があげられるであろう。

「英語存廃論争」は、藤村作が雑誌『現代』の昭和2年5月号へ「英語科廃止の急務」という論文を載せたことから端を発している。なぜ当時、英語教育の廃止が論争の中心となったかの理由について、山口は、当時の国際状況が大きく関与したものだと結論づけている。当時の国際状況は、1924年（大正13年）にアメリカ合衆国において「排日移民法」が成立し、日米間の軋轢が広がり、米国への敵意が増幅して行った時代であった。このような米国への敵意が原動力となり、英語教育への批判に矛先が向かったものであったとしている。さらに、当時の時代背景を分析し、藤村論文の論点は次の3点であると、山口は指摘している[4]。

1．もはや欧米を模倣するという古い因習を改善すべきである。
2．中等教育課程では、過度な時間を割いて英語偏重のカリキュラムが施行されている。日常生活で役に立たない英語へ費やされる甚大な努力を、別の教科の学習へ向けるべきである。
3．外国語科を廃止し、国が管理する翻訳局を設け、そこで翻訳したものを国民へ提供する。

この論争後、昭和6年に、それまで中学校課程で週30時間学ばれていた外国語の授業が、約半数にあたる16時間学習すれば卒業できるように授業時間が削減された。また、英語教育の存亡をかけ、当時の英語教育者は英語の学習意義を主張する必要に迫られること

なり、今まで以上に「人格形成のための教養としての英語」を強調して行った。その後、新たな意義として、「受験英語」、「国際交流としての英会話」という社会の状況に則した英語教育がなされて行くこととなる。

　他方、「英語教育改革論争」は、昭和 49 年 4 月に自民党参議院議員・国際文化交流特別委員会副委員長平泉渉が自民党の政務調査会へ提出した、「外国語教育の現状と改革の方向」と題する試案が発端となっている。当時、上智大学教授の渡部昇一が雑誌『諸君！』（昭和 50 年 4 月号）へその試案に対する反論を掲載したことによって、論争はあらゆる方面の識者を巻き込んで行き、ニューズウィークで 2 度にわたり取りあげられるほど議論は過熱していった。「平泉試案」の主旨は、「技能」を習得するための外国語コースを学校教育に導入すべきだとするもので、次のような具体的な提案をしている。（以下、試案原文より抜粋）5)

1．高校においては、国民子弟のほぼ全員がそこに進学し、事実上義務教育化している現状にかんがみ、外国語教育を行う課程とそうでないものとを分離する。

2．高校の外国語学習課程は厳格に志望者に対してのみ課するものとし、毎日少なくとも二時間以上の訓練と、毎年少なくとも一ヵ月にわたる完全集中訓練とを行う。

3．大学の入試には外国語を課さない。

4．外国語能力に関する全国規模の能力検定制度を実施し、「技能士」の称号を設ける。

この試案では、「国民の約 5 ％が、外国語、主として英語の実際的能力をもつことがのぞましい」[6]として、英語に興味が有ろうが無かろうが全員が同じ授業を受けるという画一的な学習では、「技能」としての英語能力は育たないと強調している。特に、「受験英語」は会話習得には弊害になるのみであるときびしく批判し、入試から英語を外すか、あるいは、ある一定の英語能力が他の検定試験で証明されれば、入試の英語を免除すべきだと主張している。

　この試案に反論した渡部の要点をまとめると、次の 3 点をあげることができよう。

１．英語教育の成果を短絡的に運用能力だけではかるべきではない。

２．数学と同様で実用性が無くとも知的訓練になる。

３．大学入試の英語は全般の知的能力をみるのに最適なものである。

　この論争におけるいくつかの論点は、今日でも議論の対象になるほど、未だに決着がついてないものであろう。特に、英語教育の目的を「技能重視」とするのか、あるいは「教養としての知的訓練」とするのかは意見の分かれるところである。しかし、現在の学習指導要領での外国語活動の目標は、「外国語を通じて積極的にコミュニケーションを図ろうとする態度を育て、コミュニケーション能力の素地を養う」と位置づけられているように、「技能重視」の方向へ進んでいることは否めない事実であると思われる。この技能重視の英語教育は、現在の経済的に豊かな日本社会を維持するためには、国

際社会において国際語として機能している英語のコミュニケーショ
ン能力が不可欠であるという社会状況が強く影響していよう。同様
に、平泉試案が提出された時期は、日本が高度経済成長のただ中に
あり、英語の運用能力に長けた人材が必要とされたという時代背景
があったものである。

　以上のように、英語教育の変遷と代表的な論争をみて、いかに英
語教育の目的や意義が社会状況に左右されるのかが見て取れたと思
われる。さらに次の節では、なぜ2002年度から公立小学校において、3
年生以上を対象に英語学習の導入が可能になったのかを、社会的要
因を含めて検討して行くものとする。そして、そこで求められてい
る英語学習の目的や意義を踏まえ、未だ議論が十分でない点を明ら
かにして行く。

②公立小学校での英語学習導入の背景について
(a)英語習得に対する危機感の強まり

　前述したように、日本における英語教育論争の論点は、時代のニ
ーズがまさに反映したものであるといえよう。明治の初期には外国
の知識を取り入れるために実用英語が中心であったものが、翻訳本
や日本人教員が充実したことにより、教養中心の英語へと移行して
いった。その後、進学率が上がり、受験英語という新たなジャンル
が築かれることとなった。そして、今まさに、国際社会を反映して、
技能を中心とする英語教育が期待されている。舟橋(2000)は、国際
社会において国際語である英語によって、日本人が自らの意志を伝

えることができるコミュニケーション技能を習得できるかどうかが、国の盛衰を左右するとし、次のように述べている。

「英語が世界語となろうとする時代、日本も日本人も世界で理解され、認められ、評価されることがますます難しくなるだろう。このままでは、日本はその志と真実を十分に理解されないまま、共感を得られないまま、歴史の舞台からずり落ちていく危険を感じるからである」[7]

このように世界語もしくは国際語として認知をほぼ得ている英語を習得することは、日本にとって死活問題であり、このことは多くの人々が、インターネットでの英語の優位性、大企業での採用もしくは昇進における英語力に基づく選別、メディアを通した国際舞台での英語の使用頻度など、日常生活を通して、英語が特別重要な言語であるという認識を持つのが、むしろ自然なことのように思われるほど、英語の優位性に関する情報が現在では氾濫していよう。そのような特別な言語的地位を日本社会で確立した英語に対して、漠然とした願望として、英語力を身につけたいと考える人も多く存在する状況があるのではなかろうか。また、情報の中には英語ができないと将来が危ういという、いわば個人の危機感を煽るようなものもあり、この危機意識からと漠然とした願望からの英語習得への意欲の例として、田崎(2000)は次のような事例を紹介している。

「本年(2000 年)2 月 22 日の朝日新聞にも、『課長 TOEIC　600 点、次長 730 点・・・英語ダメなら昇進もダメ』という記事が載っている。英語を必要とする職場では、英語力についてキビシイ要求をつ

きつけている。そうでない一般の人々でも、『せめて外国人とコミュニケートしたい』という願いは強い」[8]

　また、漠然とした願望を強めている要因として、英語が特定の職に携わる人々に要求されている技能ではなくなったということがあげられよう。電子メールなどにより社会の情報化が急激に進んだことによって、ごく普通の人達でさえ電子メールにおける共通語である英語を使用する必要にせまられているのである。この英語使用の拡大について井上（2001）は、日本人同士でも電子メールなどでは英語がコミュニケーションの手段として使われているとし、日本国内での日本語の独占性は崩れ始めていると、次のように指摘している。

　　「日本国内で英語を話す家族は少ないはずだが、電子メールで英語が要求される。標準語／方言と同じ使い分けが、英語／日本語の間で生じている。これは日本語の社会的活躍場面の制約を示す。つまり、社会の情報化の進展によって、かつての日本の領土内では日本語が独占的に使われるというとらえ方は、現代日本では適用できなくなっているのだ」[9]

　このように英語は我々の日常生活をも侵食し始めており、特定の人が習得すればよいという言語から、万人がある程度のレベルに達する必要があるという言語へ移行しているのではなかろうか。そのことを多くの人達が直感的に感じて、少なくとも英語でコミュニケーションを行える程度の能力を身につけたいという英語習得への漠然とした欲求へつながっているのではないかと思われる。

　この英語習得への欲求の高まりは、必然的に学校における英語教

育への期待感へとつながるものであろう。中学校・高等学校・大学と数年間にも渡って英語を学んだのだから、少なくとも日常会話ぐらい不自由無く話したいと多くの人達が願うのも無理からぬことである。しかし、現実には、学校での英語教育の成果を実感できる人はむしろ少数派であることは否めなく、そのことが英語教育改革の原動力になっているのではなかろうか。そのような学校の英語教育に対する社会的な不満が、2002年度から施行の公立小学校における英語学習の実現化に対して大きな影響を与えたと、鈴木（2001）は次のように述べている。

「いま日本の教育界、実業界などでは、『日本人は英語ができなくては困る。これを何とかしなければ』という声が日増しに高まっています。・・・たしかにいま日本の若者たちの英語力は、長年にわたって英語を勉強したはずの大学卒ですら、一般に驚くほど低いことは否定できません。・・・英語は中学から始めたのでは遅すぎる、英語は頭の柔らかい小学生から教えるべきだ、といった声が強くなって、ついに文部省は三年ほど前からいくつかの実験校を設けて、英語の早期教育に全体として踏み切るべきかどうかの検討を始めました。このように、日本人はもっと英語が、それもとくに会話ができなくては困るという、一種のムード的な危機感が世の中で支配的になり、それが教育の現場に対する圧力となって、国民全体を対象とする義務教育のあり方を左右しかねない」[10]

このように鈴木は、小学校から実施することが可能になった英語、

特に会話を重点とした学習は英語習得理論による議論の末、導き出された提案というよりは、むしろ、「一種のムード的な危機感」の影響が強いのではないかという懸念をあらわしている。

(b)国際比較による英語教育改革の高まりと流動的な改革決定過程

　「一種のムード的な危機感」に対してさらに拍車をかけたのが、TOEFL の国際的スコアーの比較であるとし、鈴木は、アジアの国（10 カ国）における TOEFL 試験の平均点（1998 年 7 月から 1999 年 6 月までの受験結果）を、次のように示している。

表 3　アジアの国（10 カ国）における TOEFL 試験の平均点

	受験者数	平均点
フィリピン	92	584
インド	3 万 0658	583
中国	7 万 0760	562
インドネシア	87	545
マレーシア	218	536
韓国	6 万 1667	535
ベトナム	531	530
タイ	1 万 5054	512
日本	10 万 0453	501
カンボジア	102	488

出所）鈴木孝夫『英語はいらない!?』PHP 新書 2001 年 77 頁

この結果の解釈について鈴木は、「日本の平均点が非常に悪いのは、毎年参加国中最大の十万人という考えられない数の人が、ただ何となく外国留学に憧れて受験するからです。もしこれが目的をはっきりともった、それなりの猛勉強をした二千人、せめて一万人程度ならば平均点はずっと高くなるはずです」[11]とし、他国との受験者の質の違いが点数の差にあらわれたに過ぎず、短絡的に英語教育の成果として比較すべきではないと唱えている。

　他方、宮原、山本(1999)は、英語を外国語として学習しており社会的な言語環境がほぼ似たような状況である中国・韓国・日本のTOEFLにおける1989-1998年までの3カ国の点数の比較検討を通して、「語彙・読解で、日本が中・韓の躍進に較べて大きく劣っているのには特別の原因があるはずである。日本の受験者が中・韓に比較して多くて、大衆化しているというだけでは説明できないだろう」[12]と指摘し、日本の英語教育改革が急務で、TOEFL結果を単に受験層の違いにすり替えるべきではないと述べている。

　このように、TOEFLの点数の国際比較は、色々な議論の余地があると思われるが、数字としてあらわれた順位の低さは、多くの日本人にとって衝撃的なものであり、学校の英語教育への批判に拍車をかけ、危機感を煽るには十分であったのではなかろうか。その結果、学校教育が自信を喪失し方向性を見失ったため、あまりにも唐突な「英語の公用語化論」、ひいては流動的な過程を経て決定され具体性を欠く、公立小学校での英語学習の導入へと結びついて行ったので

はないかと思われる。この公立小学校の英語学習が、「総合的な学習の時間」での国際理解における英会話等の授業と決まった経緯について、河合(1999)は、その流動的決定過程を次のように指摘している。

「 1996 年 5 月には、文部省は『事実上、ほとんどすべての小学校で英語教育が実施される』と予測していた。しかし、1998 年 12 月に告示された小学校学習指導要領では、2002 年度から『総合的な学習の時間』の中で、3 学年から国際理解に関する学習の一環として、外国語会話等を体験的な学習として行ってもよい、と規定される結果となってしまった。つまり英語の技能習得ではなく、国際理解教育になってしまったのである」[13]

このように決定過程があまりにも流動的で、当初予測された「英語教育の実施」とはかなりかけ離れた、国際理解教育の一環としての英語活動という中途半端な導入に対して、松川（2000）は、「このような形を中途半端な導入と危惧する見方が、小学校英語導入推進派、慎重派双方に広がっている」[14]と指摘している。この流動的な導入の背景として、小学校という年齢に対する第二言語習得理論における議論を十分に踏まえず、単に英語習得に対する社会的危機感のムードに煽られ、場当たり的に急場しのぎで決められたことが中途半端な導入という非難を浴びる結果につながったのではなかろうか。樋口(1999)は、「コミュニケーションの基礎的能力を育成する上で、『早期』ではなく『適期』教育として小学校での外国語学習を推進する必要があろう」[15]とし、小学校での教育課程上の英語教育の位置づけの検討が必要であると主張している。さらに、久埜(1999)

も小学校という年齢にふさわしい英語活動がなされるべきであると
し、公立小学校での英語学習の導入に対して、さらなる議論や検討
が必要であると次のように述べている。

　「子どもに英語教育を受けさせたいとする保護者の関心も高く、
　　子どもたちも英語学習を楽しいものとして受け取っている。彼
　　らの年齢相応の学習能力は大人の想像を超え、それなりの成果
　　を生んでいる。小・中学校間の一貫した英語教育の見直しが遅
　　れており、早期英語教育経験者の英語運用能力を正当に評価し
　　て伸ばすことができず、足踏みを強いることも避けられず、未
　　解決の問題は山積している」[16]

　これらのように、公立小学校での英語教育のあり方については、
もっと多角的な視点によって議論や検討がなされるべきであり、そ
れらの内、第二言語習得理論の視点は不可欠であろう。そして、そ
の議論・検討の中身として、特に重要な論点が三つあると筆者は考
える。それは、中学校から小学校という年齢の相違に対して相応しい
学習の研究という観点から、「開始年齢」、それに伴って必要な「学
習方法」と「学習内容」の議論・検討である。そこで次章において、
この三つの論点に対して、先にあげた Penfield、Krashen、Steinberg を
中心に、第二言語習得理論の視点から考察して行くものとする。

（注）

1 ） 山口誠『英語講座の誕生』講談社、2001 年、82-83 頁。

2 ） 同上、130-132 頁。

3 ） 同上、189-190 頁。

4 ） 同上、97-100 頁。

5 ） 平泉渉、渡部昇一『英語教育大論争』文藝春秋、
1995 年、9-14 頁。

6 ） 同上、13-14 頁。

7 ） 舟橋洋一『あえて英語公用語論』文藝春秋、2000 年、173 頁。

8 ） 田崎清忠「日本人にとっての『英語力』を見極めよ」『英語教育』
5 月号、2000 年、19 頁。

9 ） 井上史雄『日本語は生き残れるか』PHP 新書、2001 年、38 頁。

10） 鈴木孝夫『日本人はなぜ英語ができないか』岩波新書、
2001 年、1-2 頁。

11） 鈴木孝夫『英語はいらない!?』PHP 新書、2001 年、76 頁。

12） 宮原文夫、山本廣基「英語学力の国際比較」『英語教育』9 月号、
1999 年、26 頁。

13） 河合忠仁「『国際理解』と『英語学習』の思想」『英語教育』
10 月号、1999 年、13 頁。

14） 松川禮子「小学校英語教育の教科化の可能性」『英語教育』
12 月号、2000 年、14 頁。

15）樋口忠彦「早期英語教育のすすめ」『英語教育』10 月号、
1999 年、10 頁。

16）久埜百合「早期英語教育の Dos & Don'ts」『英語教育』10 月号、
1999 年、18 頁。

第Ⅱ章　言語習得に関する諸理論の視点からみた
小学校の第二言語教育の意義

　我が国の公立小学校において初めて「総合的な学習の時間」という枠組み内ではあるが、2002 年度から小学 3 年生以上を対象に第二言語（外国語）学習の実施が可能になった。この学習開始年齢の早期化はどのような意義があるのであろうか。また、対象年齢が異なる場合どのような学習方法や学習内容がより効果的なのであろうか。本章では、これらの問いに対して大脳生理学と心理言語学における第二言語習得理論の視点から考察して行く。

　ここで扱う第二言語習得理論の内、大脳生理学に関しては、初めて解剖学的な視点によって年齢と言語習得の関係を研究し、この分野の基礎を確立したともいえる Wilder Penfield を中心とし、最新の研究成果をも交えて考察して行く。また、心理言語学に関しては、ナチュラル・アプローチ[1] などを提唱し、我が国の児童外国語教育にも多大な影響を与えた Stephen D. Krashen、そして、この分野の研究を多角的に捉えて成果を残している Danny D. Steinberg を中心とし、他の研究者の成果をも交えて論じて行く。

　さらに、大脳生理学および心理言語学からのアプローチに対する限界と問題点として、大脳生理学における脳のメカニズムの解明は未だ未知の部分が多いことがあげられよう。研究が進み、日進月歩で新たな発見がなされているが、本論文で取りあげる研究成果は、主に執筆時において、すでに刊行された書籍・研究論文に基づくも

のとし、それに最近の成果を加えて考察するものとする。そして、それらの研究対象が健常者の言語習得の他に、疾患による言語の再習得などが対象になっている場合があるので、研究成果を扱う際には、研究の対象に十分配慮を行うこととする。また、心理言語学においても同様に、本論文執筆時にすでに刊行されているこの分野の研究成果を基に論じるものとし、それらの成果の内、各研究者が各々の仮説に対して実証テストを行い、その結果に基づいて導き出された主張を扱うものとする。

Ⅱ－1. 言語習得理論における第二言語教育の
「開始年齢」の取り扱い方についての議論

　公立小学校における 2002 年度からの「総合的な学習の時間」の導入により、第二言語（英語）教育の開始が従来の中学校から早期化される可能性が生じた。このことによって、言語教育に携わる実践家や研究者の間で、「開始年齢が早くなることが、第二言語習得に対してよい結果をもたらすのだろうか」という議論が高まっている。この第二言語の開始年齢が早期化された理由は、第二言語習得理論を吟味した結果というよりは、様々な要因が複合的に作用したものであり[2]、実践家や研究者の中でもそれぞれの立場や視点から賛否両論意見が分かれるところである。

　例えば賛成側の立場として臨床的視点より、Curtain ＆ Pesola(1999) は、成人と比較した場合の子どもの第二言語習得に関する学習能力の高さについて、次のように述べている。

　　「子どもを第二言語習得の環境に連れていき、新しい状況・・・
　　例えば外国語で授業が行われる小学校・・・に浸すと、しばし
　　ば奇跡を経験する。6 か月位経つと子どもは、新しい環境にう
　　まく適応し、両親が同じ時間をかけていくら努力してもとうて
　　い到達し得ない語学力を身につけているものである」[3]

　このような子どもの言語習得能力の高さに対する認識は、多くの親が子育てを経験する中で受け入れ易いものであろう。なぜならば、子どもは（健常者であれば）例外なく、6 歳頃までには母語を非母

国語の成人学習者が到達できないレベルまで達することが可能である。子どもが成人より何らかの言語学習能力の優位性を所有しているという考えが導き出されるのは必然的であるかもしれない。また、垣田他 (1997) も、第二言語習得における子どもの学習能力の高さに対する優位性を主張しており、「子どもは発達の途中にあって精神の柔軟性とまだ固まっていない習慣、新しい印象の世界への反応にすぐれているからである」[4]と述べ、子どもに特有な柔軟性が学習能力の高さと深く関わっているとしている。

さらに、小学校で英語を教えた実践的視点より、久埜 (1995) は、子どもがもつ言語習得能力の高さに加え、異文化に対して未だ先入観に囚われることがない早期から、人格形成の一環としての第二言語教育を開始する必要性を、次のように述べている。

「人格形成の観点から、情操教育や国際教育の一環としてとらえると同時に、子どもたちの言語習得能力の高いこと、特に音声に対する鋭い感受性に着目して、9歳前後までに遊びに似た形で英語を導入しようとする。実際に小学校の現場で子どもたちの学習態度を観察していると、遅くとも小学4年生までに、外国語とその背景となる外国の人びとの生き方に触れさせることが大切であることを感じないではいられない。5年生くらいになると、自分の育つ環境に対する帰属意識が芽生えてくるのか、異文化に対して等距離で接する態度に変化が現れ、母語とは違う音の流れにも差を強く感ずるようになる」[5]

他方、英語教育の早期化に反対する立場として、知識・技能的な

視点より、矢次(1998)は、「学習したことがどのように身につくのかという点を考慮すると、知識として保持し得る内容は当然ながら中学生ほど期待できないだろう。技能についても、知識の制約がそのまま制約となる可能性が高い」[6]と述べている。

また、授業における制約という視点より、鈴木（2001）は義務教育で行われる断片的な第二言語（外国語）教育では中途半端であり、教育効果は期待できないと、次のように述べている。

「学校の何十人ものクラスで、週に一、二度だけ外国人の先生について少しばかりの日常会話の練習などしてみても、それだけでは出てくる単語や表現の数は知れたものですし、話題も自分に興味のあるものとはかぎりません」[7]

さらに、認知能力の視点より、東（2000）は第二言語習得において子どもの方が大人より優れていることはけっしてないとして、その理由を次のように述べている。

「大人にあって子どもにない能力というものもたくさんある。たとえば、言語材料を意識的に分析、抽象化、一般化する能力、認知的に高度なことを理解したり表現したりする能力、フォーマルな場面で言語を学習する能力といったものは大人の方が優れているといえるだろう。・・・言語を習得するスピードにしても、大人のほうがずっと速く効率よく習得するといえるかもしれない。・・・大人の学習者はたった1時間の学習で挨拶程度の表現のいくつかはすぐいえるようになるだろう」[8]

このように第二言語教育の開始年齢を早期化することに対して、

様々な関係者がそれぞれの視点により、賛成の立場、反対の立場、を主張していることがここにあげた数例からさえもうかがえるが、本節では特に、例にあげた視点とは異なる、大脳生理学と心理言語学の視点から第二言語習得において開始年齢がどのように言語習得に影響するのかを、①発話、②語彙の拡大、③文法、の観点より吟味して、「開始年齢の早期化が、第二言語習得に対してよい結果をもたらすのだろうか」という問いに対して検討して行く。

①発話における第二言語教育の開始年齢の影響

　Penfield（1959）は、発話は人間だけに認められる行為であり、それを可能にしているのは他の動物と脳の構造が異なるからだとし、「人間だけが大脳皮質に発声を制御する生得的なメカニズムをもっている」[9]、「話す活動は、中心脳系の機能活動に基づくものであろう」[10]と述べており、発話と脳の関連性を強調している。この発話と脳の関係について、最近の大脳生理学者では、養老（2000）が著書の中で、「ヒトが言語を操るのは、決して喉頭の構造が特異なためではない。・・・喉頭で喋るのではない」[11]とし、発話の発生における脳の役割りの重要性を主張している。このように大脳生理学において発話は、人の脳の特異性によるという見解が Penfield の時代から変わっていず、ほぼ普遍的なものであり、脳の発達度合いが発話を支配すると解釈されている。では大脳生理学からみて、第二言語の発話を習得するのに適した脳の発達度合いとは何歳をさすのであろうか。これに対して Penfield は、言語を習得するための潜在性のメカニズム

の見地から、「4 歳から 10 歳の間」[12] が大脳生理学的要求に適した年齢であると主張しており、加齢につれ脳に備わっている言語習得に対する特殊な能力は減退していくと述べている。そして、その年齢の間に第二言語教育を開始し脳にその中枢言語がいったん確立すると、何年間かブランクがあっても再びその言語に触れた場合、その中枢言語が再活動し、新たな学習を支援すると、彼の子どもたちからの次のような経験を例に主張しており、4 歳から 10 歳という一定の年齢の間に第二言語教育がなされる必要性を唱えている。

　「2 人の子どもたちは、8 歳と 9 歳のとき、ドイツの小さな町でドイツ人の子どもたちと数カ月間遊んだときに、はじめてドイツ語を聞いた。当時、英語を全く話せない保母が家政に加わっていた。子どもたちは、大学の年齢までドイツ語を一度も教わらなかったが、しかし、とうとう完璧なアクセントでドイツ語を流暢に話せるようになった」[13]

　このように彼が主張している第二言語の中枢言語の確立というのは、母語を介さないで反射的に第二言語を発するために必要不可欠なものであるとしている。また、Penfield と同様に、植村 (1998) は、最新の脳科学の研究により、脳が十分な可塑性を備えている間に特定の中枢言語が脳内に確立される重要性を指摘し、第二言語の教育は早ければ早いほど良い結果につながるとして、次のように述べている。

　「小学校も臨界期をすぎているので、本当は遅いぐらいです。子どもたちは日本語の中枢ができていますが、まだまだかなりの

音声に対する対応力が残っていますから、小学校のときからき
れいな英語を聞かせて、耳からたたき込んでやれば間に合うと
思います。小さければ小さいほどそれぞれの言語中枢が独立を
するようですから、そういう意味では日本語が妨害されるとい
うことはないし、妨害しないために、脳は必ず離れたところに
中枢をつくっていきます」[14)

　このように大脳生理学における、多くの研究者が、人が言語を操
ることができるのは脳に中枢言語が確立されるためであるとし、そ
の中枢言語が確立され易い状態である脳の可塑性を重視するため、
第二言語の早期開始に対して肯定的な見解をとる。

　他方、心理言語学者の Krashen (1983)は、言語能力の向上を「習得
（acquisition）」と「学習（learning）」という観点より論じており、「習得」
とは伝達のために言語を運用する能力を伸ばすことであるとしてい
る。他方、「学習」とは文法などの規則を知ることであり、伝達能力
を養うことにはならないとし、「言語運用能力」と「言語知識」とい
う側面から第二言語教育を捉えている。そして、第二言語習得にお
ける年齢差について、「子どものほうが成人よりすぐれている、と単
純にいうことはできない」[15) と主張しており、「短期的に見れば、成
人のほうが、子どもより第二言語学力（知識、思考力、表現力、判
断力）を身につけるのは速い」[16)（カッコ書き‐引用者）と述べて
おり、その理由として、次の3つの要因を指摘している。

　　1．成人は「会話運び」や、自分たちに向けられたインプット
　　　を調整して理解しやすいものにしたりする点ですぐれてい

る。

2．第一言語とモニター [17) を使って初期の段階の発話を促進す
　　るので、それがまたインプットを呼ぶようになる。

3．成人は一般的な知識をたくさん持っている。

　このように成人は子どもには備わっていない様々な能力の助けを
かりることができ、特に、教室という特殊な環境下においては、第
二言語習得に関して、年齢差における習得の差はほとんどないと主
張している。そして、心理言語学的見地より、第二言語の習得効率
を決定づける要因は、年齢的差における身体的要因ではなく、情意
的な要因であると仮定している。Krashen は学習者が不安感、不信感、
挫折感など否定的な感情を抱いて学習している場合には、あたかも
フィルターがかかったかのごとく、学習内容は吸収されず、表出も
しないとして、そのフィルターを「情意フィルター」と名付けて、
次のように述べている。

　「子どもが最終的に第二言語習得においてすぐれているわけは、
　　情意要因によると仮定される。特に、情意フィルターは思春期
　　頃に強度を増す、という我々の仮定である。・・・思春期は、第
　　二言語習得が最終的に成功するか否か決定づける分かれ目であ
　　ろう。・・・子どもは、第二言語で母国語話者だと思われるくら
　　いに上達できる機会に恵まれているといえるが、これは成人の
　　初心者が高い学力レベルに到達できないということではない。
　　フィルターが強くなるので、たいていの成人は母国語話者と同
　　レベルに到達することはないだろうといえるだけである。・・・

とはいえ、モニターを上手に使って母国語話者と同レベルだと
思えるほどになる成人も多いのである」[18]

　このように、Krashen は、成人と子どもの言語習得能力には差はな
く、大脳生理学者が主張するような、身体的メカニズムに基づく言
語習得の子どもの優位性には否定的である。その根拠として、学習
の初期の段階では、成人の方が言語習得には優位性が認められてお
り、もし身体的メカニズムが子どもに有利であるならば、初期の段
階から子どもの方が第二言語の習得効率が高いはずであるとしてい
る。そして、最終的に多くの子どもの方が第二言語習得の到達点が
すぐれているのは、成人と比較した場合の言語習得能力そのものの
差によるものではなく、思春期以降に増す心理的な障害である情意
フィルターにより、言語習得が妨げられるからであると唱えている。

　ところが、心理言語学者である Steinberg （1995）は、運動技能の視
点から、「確信できることは、第二言語における母国語話者並みの発
音の習得については、子どものほうが成人よりも概してたけている
ことである」[19] とし、発話における発音についての子どもの優位性
を指摘している。そして、発音は脳に制御された発話器官の運動に
よって成立しているものであり、加齢とともに脳の中枢機能の変化
により、「10 歳から 12 歳のあたりで新たな運動技能を獲得する能力
は、衰退し始める」[20] と、次のように主張している。

　「発音は運動技能であり、声帯や舌や口などの発話器官が筋肉に
　よって制御される。だから、成人に見られる第二言語の発音困
　難は、おそらく思春期ころに現れてくる運動技能力の全体的衰

退の 1 つであろう。明らかなように、体操やピアノは、27 歳で始めるよりも 7 歳で始めるほうが上手になる。・・・運動技能の衰退が脳の成熟に関係している点は疑う余地がない」[21]
このように発話に関して Steinberg は、Penfield および他の多くの大脳生理学者が主張するように、脳内の運動神経が大きく関与しているものであるとしている。

　これまでの議論によると、第二言語教育において開始年齢が発話にもたらす影響の要因として、一つは脳内の神経的関与、もう一つは情意的関与という二つの要因が挙げられていたが、筆者は神経的関与による主張の方がより説得力があると思われる。なぜならば、Krashen は、成人すべてが思春期以降に情意フィルターが強まることを前提にしているが、その前提に対する実証は何ら提示していない。むしろ性格と環境によっては思春期以降から積極的になり、情意フィルターが弱くなる人もいることは否定できないであろう。また、子どもの性格によっては、幼少期からすでに情意フィルターが強い学習者がいるのではなかろうか。このように情意フィルターの強弱は、思春期という年齢が主な決定要因ではなく、各人の性格がその強弱を左右するのではないかと思われ、思春期が言語習得を困難にさせるという情意フィルター仮説の主張は、あまり説得力をもたないものと思われる。

　この点に関して白畑（1997）も、情意フィルターが第二言語の習得を決定づける要因であるとする Krashen の主張に対して、次のように反論している。

54

「もし情意フィルターが第二言語学習者の達成度を決定的に決め
るのであれば、年齢に関わらず情意フィルターが強い学習者と
弱い学習者がいるはずであり、どの開始年齢の学習者からも、
達成度の高い学習者と達成度の低い学習者が出ることになる。
また。10 歳の子供が全員 30 歳の成人よりも情意フィルターが弱
いとは考えられない」[22]

白畑が指摘するように、情意フィルターと年齢が相関関係にあると
は考えにくく、ある一定の年齢が情意フィルターを左右すると唱え
ている Krashen に対して、筆者も否定的な立場である。

　他方、発話は反射神経的な運動技能の要因が高いものであるとい
う視点による Penfield と Steinberg の主張は、より説得力があるものと
思われる。なぜならば、第二言語を聞いて母語に訳したり、発話する
ために母語を第二言語に訳していたのでは会話は成立しない。脳の
指令により発話に関する諸器官が適切に反応する運動神経の敏しょ
う性が必要になるが、そのような運動技能は加齢とともに衰えてい
くことは自明のことである。このような反射神経的技能の育成の年
齢について、Penfield と Steinberg の両者に共通していることは、10 歳
頃までには第二言語教育を開始すべきであるということである。故
に、2002 年度から実施された学習指導要領において、従来の中学校
からの第二言語（英語）の学習が公立小学校 3 年生から開始が可能に
なったことは、発話の習得に関する限り評価に値することといえよ
う。

②語彙の拡大における第二言語教育の開始年齢の影響

　第二言語の語彙の拡大において、必要不可欠な要因は何であろう。それに対して Penfield は、記憶力であるとしている。そして、その記憶力は加齢につれ衰えていくものであるとし、それを白地の言語板にたとえて、次のように述べている。

　　「人間がこの世に生まれるときにもってきた白地の言語板は、間もなくいろいろな単位で満たされ生後 10 年もたつとそれらはほとんど消失できなくなる。そして、年が経つにつれて、諸単位はその言語板に多く刻まれるが、だんだんと刻まれるのが困難となってくる。・・・子どもが青年になるまで 1 カ国語しか用いないなら、第二国語を学ぶときには、よく覚えた母国語のシンボルを用いるものである。・・・新しくおぼえる国語の音を模倣する代わりに、彼は自分自身の発語の（単位母国語の）単位を用いようとし、かくて、あるアクセントをつけて話したり、新しい国語の単位を一つの間違った構文に再配列させようとさえする」[23]

　彼はこのように限りのある言語板に十分な余白がある間、つまり記憶能力が高く可塑性という脳の潜在能力が十分高い内に、語彙の拡大に役立つ第二言語の基礎を身につける必要性を主張している。そして、植村も同様に、加齢につれて衰える脳の潜在能力が言語習得を困難にするとし、早期から母語以外の言語に触れさせる必要性を強調して、「どの赤ちゃんでも生まれた瞬間には、世界じゅうのありとあらゆる言語を完璧にマスターするだけの脳細胞をもっていま

す。ところが日本人で日本語しか知らない親が育てると、臨界期が
ありますから、使わなかった脳細胞は溶けてなくなります」[24] と述
べている。

　このように、語彙の拡大には記憶力は不可欠なものであるが、大
脳生理学において言語を記憶するとは、どのように解釈されている
のであろうか。その脳内での記憶のメカニズムについて苧阪（2000）
は、次のように述べている。

　　「記憶は、学習による脳の変化によって生まれるのですが、この
　　変化には二つの可能性があります。一つは、新しいシナプスが
　　できる、という考えです。もう一つは、ニューロンに可塑性が
　　あるため、複数のニューロン間を行き来する信号の頻度が高く
　　なるとこれらのニューロン間で信号が伝わりやすくなるという
　　考えです」[25]

　さらに、時実（2000）は特に記憶における脳の可塑性と融通性の
重要性を強調して、「記憶や学習は、新しい痕跡を刻むことであるか
ら、神経系の可塑性、融通性が必要条件である」[26] と述べている。

　これらのように大脳生理学では、語彙の拡大とはシナプスやニュ
ーロン等の脳の変化に他ならず、そのような変化に対して柔軟に対
応できる脳の可塑性が高い方が、第二言語習得により適していると
いう見解であり、できる限り早期から第二言語を学習する必要性を
主張している。

　他方、Krashen は語彙の拡大においても年齢による差はないとして
いる。それは、加齢とともに衰えていく記憶能力が語彙の拡大を決

57

定づけるのではなく、学習者がどのように何を学ぶのかという学習の質こそが語彙の拡大を左右するものであるとして、「理解できるインプットこそきわめて重要な中心をなすものである」[27] と唱えている。そして、それらインプットのレベルは、現在の学習者の能力よりも少し高いものが与えられるべきで、その適切なレベルのインプットを理解することによって言語は習得されると主張している。また、語彙の拡大には、学習者が自ら進んでインプットを理解しようとするコミュニケーションへの願望が不可欠であり、学習者が興味を示す題材を教師が与えることができるかどうかが大きな要因であるとしている。さらに、第一言語（母語）の影響による第二言語における誤りについて、Penfield とは異なる見解を次のように主張している。

「第一言語の影響による誤りは、学習者が第二言語の規則を十分に学んでいないとき、第一言語に依存する結果にすぎない。干渉に対する治療は習得あるのみである。第一言語の影響を断ち切ろうとする必要はなく、目標言語を習得できるようにさえすればよいのである」[28]

故に Krashen は、第二言語における母語の干渉は、単に第二言語が未熟であるがために生じるもので、Penfield が主張するように母語を基礎にして第二言語を学習するためではないとしている。

それに対して、Steinberg は、Penfield と同様に言語習得の基本は記憶力であるとし、特に第二言語での語彙学習には棒暗記力（単純連合学習）が不可欠であると主張している。しかし、その棒暗記力は、「加齢とともに衰退する。・・・8 歳ころから衰退が始まり、12 歳こ

ろからさらにそれが加速されるようである」[29] として、その衰退の原因は脳の変化であると、次のように述べている。

「記憶の衰退は、脳の発達の変化によるものであろう。20 歳と 50 歳で、さらに 70 歳で脳の発達に著しい違いがある。たとえば、50 歳までに大脳皮質の細胞が約 20 ％減少するようである。そして 70 歳までにその減少は約 40 ％までに達する」[30]

以上のことより、筆者は、第二言語の語彙の拡大においては、記憶が最大の要因であるとする Penfield と Steinberg の主張が妥当であると思われる。なぜならば、何かを学習するためには記憶力が不可欠であり、何らかの障害により記憶が困難になった場合、言語に限らず何かを習得することは不可能であろう。Krashen の学習の質というのは、言い換えれば、いかにしたらより効率よく記憶することができるのかの議論にすぎないと思われる。そして、記憶力は加齢とともに脳細胞の全体量が減少し生理的に不利になることは明らかである。このような年齢の違いによる記憶力の差異に関する研究において、垣田他は次のような報告をしている。

「小 2・小 4 のこどもは、就学前のこどもよりも、同じ教材を記憶するのにより長い時間がかかる。・・・夏休み後、就学前のこどもは、就学児童よりも、学んだことをはるかに早く正確に思い出すことができた」[31]

このように彼等が教職経験から指摘しているように、年齢が低い程記憶力は高く、それだけ学習には有利な潜在的条件が整っていると思われる。このことから、第二言語教育における語彙の拡大は、潜

在的な記憶能力が高い低年齢から行った方がより言語習得には有利であろう。

③文法における第二言語教育の開始年齢の影響

　文法の習得に関して、Penfield は十分に幼い時期から第二言語に触れていれば、文法を教わらなくとも語の配列の規則を習得していくと主張している。そして、そもそも言語とは何か目的を達成するための手段として用いられるべきで、言語そのものを学習すべきではないことを強調している。第二言語においても、母語の習得が生活の活動を通して結果的に学習されているように、何かの目的のための手段として第二言語が用いられれば、結果的に文法を含めた言語能力自体が習得されると、次のように述べている。

　　「学習者は、その言語によって話し、その言語によって考えるべきで、言語そのものは無視すべきなのである。・・・言語は研究されるべき対象ではなく、また把握されるべき目的でもない。それは、他の目的の一手段であり、媒介物であり、生活の一方法なのである」[32]

　Penfield によれば、文法を含めた言語そのものの活動は、脳内に形成されるニューロンの諸パターンと諸反射によって可能になるのであって、文法などの語の配列に関するパターンは、すべて脳内にある中枢言語に保存されている。すなわち、十分に幼い内に中枢言語が確立されないかぎり、知識としての文法は身についても、それを実際に言語運用に役立てることは困難であると主張している。

同様に、大脳生理学者の澤口（2000）も、言語そのものを学習するのではなく、環境から自然に第二言語を身に付かせ、中枢言語を確立させるようにすべきであるとして、「英語などの外国語を習得させたい、という価値観をもっていたら、やはり適切な環境が必要である。・・・幼少期に母国語の他に外国語の環境にさらすことが必須となる」[33]と述べている。このように、十分に幼い時期であれば、母語の文法を生活の中でのコミュニケーションから身につけていくように、第二言語の文法に関しても、特別な学習をしなくても語の配列を自然に身につけていくものであると主張している。

　それに対して Krashen は、成人の第二言語の能力を身につける方法を、先述のように「習得」と「学習」の二つに分けて論じており、習得とは、「言語の力を伸ばす『自然な』方法であり、無意識の過程」[34]であるとしている。子どもが言語能力を身につける過程はこの「習得」であり、言語そのものを意識せず、意思を伝え合っているのであるとしている。そして、言語能力を獲得しているという自覚はなく、身に付いた文法は直感的なものであると、次のように述べている。

　　「習得した言語の規則については『意識して』はいないが、正しいとは『感ずる』のである。つまり、誤りを耳にしたとき、破られた規則を指摘できなくても、間違っていることだけはなぜか『わかる』のである」[35]

　他方、学習とは、「言語について『知ること』、あるいは言語の『形式的知識』である」[36]とし、習得は無意識的であるが、学習は意識

的であり、言語の規則について意識的に知識を身につけることであるとしている。第二言語の習得は、成人にとっても可能であるとKrashen は考え、習得と学習は各々異なる役割をはたすものであるが、相互作用がそこには存在し、互いを補足し合うものであると主張している。そして、学習された文法は直接的な言語運用能力にはならないが、自分自身の表現が適切かどうか、意識的に確認や訂正を行う機能として役立つとして、これを「モニター」と称している。しかし、反射的対応が求められる発話においては、このモニターが過剰に働くと意識過剰となりすぐに言葉が出てこなくなる原因となると指摘しているが、ある程度時間が許される書き言葉に関しては文書を自己訂正する上で、有用なものであるとしている。これら無意識的な第二言語の文法運用能力が習得されるか、意識的な第二言語の文法知識が学習されるかは、年齢が主たる決定要因ではなく、学習者に提示されるインプットの質が主要因であるとしている。それに加え、学習者のパーソナリティ上の特性、学習環境が重要な要因でもあるとして、Penfield 等の大脳生理学者が主張する、第二言語の早期教育肯定論とは異なる見解である。

　さらに Steinberg は、学習環境に着目して、自然的場面と教室場面とで成人と子どもの文法の学習効率を比較検討している。自然的場面とは社会活動を行う中での言語運用を意味し、そのような自然的場面は、「子どもに有利に作用する。成人の場合は、効率的な言語学習につながる社会的相互作用の質と量の低下がはっきりしている」[37]とし、社会の状況によっては成人外国人に対して、敵対的な環境の

場合さえあると指摘している。そのような子どもに有利な自然的場面においては、第二言語の文法学習において、子どもは成人よりも優位な立場にあると主張している。

他方、教室場面においては、成人は子どもよりも優位な立場にあるとし、その理由は教室という特殊な環境下での学習に長けているからであると、次のように述べてる。

「成人は教室という学習環境を十分に心得ている。そのような環境では、注意を払い。集中することや、長時間静かに座っているといったことも、学習の要素となる」[38]

第二言語の文法を身につけるには、自然的場面に頼らずとも、成人に有利な学習環境である教室場面において、書物を用いて理解するのに十分必要な時間をかけた学習が可能である。したがって、Steinberg は、開始年齢の違いによる文法力の到達度の差異はないとして、「文法に関しては、母国語話者と判定される人々がいる。・・・したがって、第二言語の文法の学習に関しては、臨界期が存在しないと断定して間違いない」[39] と主張している。

以上の議論を踏まえて、筆者は文法は単なる無意識的な語を配列するパターンではなく、Krashen が唱えるように文の構成に対して、自己確認・自己訂正を行う高次な機能を有するものであると考える。そこでは理論的な文の構造を解釈・理解する必要があり、おのずと学習者の一定以上の知的レベルが要求されるものであると思われる。また、複雑な文法を理解するためには、適切な教材・教授者の存在が不可欠であり、教室場面での学習が必要である。そのような学習

環境では、Steinberg が唱えたように、子どもより成人に有利な環境であり、さらに成人に備わっている多様な見識が複雑な文法の解説を理解する助けとなるであろう。故に、文法の学習は理解力・見識・学習への意欲などが、ある一定レベルに達してから開始されるべきであると筆者は考えるものである。このことから、小学校で行われる第二言語の授業において、文法の学習は慎重に扱われるべきであると思われる。

（注）

1 ） ナチュラル・メソッドとは異なるもので、Terrell がカリフォルニ
ア大学においてオランダ語を教える実践的な方法として 1977 年
に提唱し、Krashen が理論化した教授法である。

2 ） 社会的背景の要因については、第 1 章の I － 1 と I － 2 にて述
べられている。

3 ） Curtain, H. & C. B. Pesola, *Language and Children*, Longman Publishing
Group, 1994.
伊藤克敏他訳『児童外国語教育ハンドブック』大修館書店、
1999 年、43 頁。

4 ） 垣田直巳監修・その他編『早期英語教育』大修館書店、
1997 年、35 頁。

5 ） 久埜百合「英語の"音"に親しむために」『児童英語教育の常識』
日本児童英語教育学会編、1995 年、119 頁。

6 ） 矢次和代「外国語学習者としての小学生」『英語教育』6 月号、
1998 年、17 頁。

7 ） 鈴木孝夫『日本人はなぜ英語ができないか』岩波新書、
2001 年、116 頁。

8 ） 東照二『バイリンガリズム』講談社現代新書、2000 年、94 頁。

9 ） Penfield, W. & L. Roberts, *Speech and Brain-mechanisms*, Princeton University
Press, 1959, p.233.
上村忠雄・前田利夫訳『言語と大脳』誠信書房、1965 年、237 頁。
原書にあたり原文と照合して内容を確認した後、訳文を用いた。

以降の本書からの引用も同様である。

10）同上、p.238、訳書 243 頁。

11）養老孟司『唯脳論』ちくま学芸文庫、2000 年、143 頁。

12）Penfield, W. & L. Roberts, 前掲書 9）、p.255、訳書 262 頁。

13）同上、p.255、訳書 261 頁。

14）植村研一「外国語学習は何歳まで可能か」『英語教育』6 月号、1998 年、13 頁。

15）Krashen, S. D. & T. D. Terrell, *The Natural Approach*, Prentice Hall, 1983, p.45.

藤森和子訳『ナチュラル・アプローチのすすめ』大修館書店、1986 年、55 頁。原書にあたり原文と照合して内容を確認した後、訳文を用いた。以降の本書からの引用も同様である。

16）同上、pp.45-46、訳書 55-56 頁。

17）Krashen のモニター理論では、学習者は第二言語を自己確認・自己訂正することによって、学習量を拡大・縮小していく制御機能を有しているとしている。

18）Krashen, S. D. & T. D. Terrell, 前掲書 15）、pp.46-47、訳書 56-58 頁。

19）Steinberg, D. D., *An Introduction to Psycholinguistics*, Longman, 1993, p. 185.

竹中龍範、山田純訳『心理言語学への招待』大修館書店、1995 年、208 頁。原書にあたり原文と照合して内容を確認した後、訳文を用いた。以降の本書からの引用も同様である。

20）同上、p.208、訳書 232 頁。

21）同上、pp.185-186、訳書 208 頁。

22）白畑知彦、樋口忠彦他編『小学校からの外国語教育』
研究社出版、1997 年、103 頁。

23）Penfield, W. & L. Roberts,　前掲書 9 ）、pp.250-251、訳書 256-257 頁。

24）植村研一、前掲書 14)、12 頁。

25）苧阪直行『心と脳の科学』岩波ジュニア新書、2000 年、
135-136 頁。

26）時実利彦『脳の話』岩波新書、1962 [1] 年、2000 [62] 年、174 頁。

27）Krashen, S. D. & T. D. Terrell,　前掲書 15)、p.56、訳書 68 頁。

28）同上、p.41、訳書 48 頁。

29）Steinberg, D. D.,　前掲書 19)、p.207、訳書 230-231 頁。

30）同上、p.207、訳書 231 頁。

31）垣田直巳監修・その他編、前掲書 4)、41 頁。

32）Penfield, W. & L. Roberts,　前掲書 9 ）　p.257、訳書 263-264 頁。

33）澤口俊之『幼児教育と脳』文藝春秋、2000 年、127 頁。

34）Krashen, S. D. & T. D. Terrell,　前掲書 15)、p.26、訳書 28 頁。

35）同上、p.26、訳書 28 頁。

36）同上、p.26、訳書 28 頁。

37）Steinberg, D. D.,　前掲書 19)、p.214、訳書 238 頁。

38）同上、p.215、訳書 239 頁。

39）同上、p.216、訳書 240 頁。

Ⅱ－2. 言語習得理論における第二言語教育の
　　　「学習方法」の取り扱い方についての議論

　学習方法を論じる上で重要なのは、先ず学習の目標を明確化するということであろう。何が学習の目標であるかによって、おのずと学習の方法は変わってくるものと思われるからである。公立小学校における第二言語学習の出発点となった「総合的な学習の時間」は、学習指導要領においてその学習目標は、環境・情報・健康／福祉・国際理解の中の、国際理解の一環として「英語会話等」を行うことができると述べられている。これは、国際理解教育の一環として行う英会話ということであり、価値観の多様性を気づかせ、異なった言語を使う人達を異端視することなく、異なる文化背景をもつ人達に対しての寛容な心を育むことを、第一義的な学習目標としている。故に、第二言語学習に関しては、言語そのものの習得というより、その背景にある文化に興味をもたせ、言語に関しては慣れ親しむ程度のことが主なねらいであると解釈できよう。

　しかし、実際にはこの第二言語学習の程度に関する解釈はかなりの幅があり、どの程度の学習を行うのかは各学校もしくは担当教員の解釈によるところが大きく、教育現場に課題を残すのではという懸念を、渡邉(1999)は次のように指摘している。

　　「新指導要領の総則では、外国語会話等を行うときは、『国際理解
　　　に関する学習の一環として』と明記している。また、その外国
　　　語には『触れる』としている。この触れるということばの意味

をどの程度に解釈するかは、教育現場の大きな課題になるかもしれない」[1]

　また、1992 年から 1999 年の間に当時の文部省の指定により、英語を授業に取り入れた学校は 63 校あり、その他、地方教育委員会の指定や独自に行ってきた学校を含めると相当数の学校が英語学習を行ってきていた。そこで行われてきた英語学習も学習目標の解釈の違いにより、統一性がないのが実情であるとして、久埜(1999)は、「これらの学校は"英語学習"と銘打って行われたものもあったが、"体験学習"や"国際理解学習"として試みられたものが多く、カリキュラムの編成にあたっては、"イベント・シラバス"という言葉も生まれた。授業の形態も取りあげる題材も、各学校ごとに千差万別と言ってよい」[2]と述べている。このように全国的に統一された授業目標に基づく授業方法があるわけではなく、多種多様な取り組みがなされているのが小学校における英語学習の実情であった。

　このような国際理解の学習とも英語学習ともとれる取り組みでは、英語力を身につけることは困難であると苦言を呈し、国際理解の学習と英語学習とを切り離して行い、学習の目標を絞り込み明確化することが何よりも重要であると、鈴木（2001）は次のように主張している。

　「生徒一人一人が、ただでさえ限られた英語の時間に、苦労して英語を学ぶかたわら、諸外国の文化や社会の事情を、それもほんのわずかだけ勉強してみても、国際理解など殆ど深まりません。しかもこのために、肝心の英語そのものを習得する大事な

時間が取られてしまうわけです」[3]

この鈴木の主張は、「学校の授業という制約」の中で、現実に則して学習目標を考える必要性を指摘したもので、今後の小学校での第二言語教育のあり方を模索する上で、国際理解教育の一環として行う英語学習という位置づけで、十分な英語力の成果が期待できるのだろうかという疑問を投げかけた点において、重要な指摘であると思われる。

実際、2002年度から施行された学習指導要領に基づき、多数の実験校が色々と試行錯誤しながら第二言語の学習を行い、本格的に「総合的な学習の時間」が開始した後、「授業内容」、「教材」、「指導形態」など、かなり多様な授業が各教師の学習目標に従って行われてきた。

以上のように、公立小学校での第二言語学習に対して確固たる学習目標に基づく、統一された指針が示されていないことを踏まえて、この節では前節と同じく、大脳生理学者の Penfield、心理言語学者の Krashen、Steinberg が主張する第二言語習得理論を中心として、学習方法について、①発話、②語彙の拡大、③文法の観点から、小学校3年生～6年生に相当する年齢層を想定して検討して行く。

① 発話における第二言語教育の学習方法について

Penfield は言語が知識を得るための手段として役立つためには先ずその言語が教えられる必要があり、第二言語の学習方法についても脳の発達に基づいてなされるべきことを強調している。その学習方

法として、「直接法（母親の方法）によって言語を学習する方が、よりうまく成功するものである」[4] と述べており、特に学習の初期の段階では、家庭において母親を通して母語が習得されるがごとき学習法が用いられるべきであるとしている。十分に幼い（4 〜 10 歳位）時期に第二言語を直接法で学習することは、神経生理学的には子どもの脳が十分に可塑的であり、多様な音の要素と言語パターンが脳内に確立し、母語に頼らないアクセントを身につけるものであり、言語学習に対する特殊な能力がある内に学習が行われることになる。また、心理学的には言語の学習は生活を学ぶことに他ならず、幼い子どもの方が、好奇心や欲求を満たすための手段としての言語学習が成人よりも受け入れられやすいという利点があり、神経生理学的・心理学的要求の両方を直接法は満たしている学習方法であると主張している。

　さらに、Penfield は、彼の論文の中で直接法の成功例としてベルリッツ法を取りあげ、その有効性を紹介している。ベルリッツ法とはナチュラル・メソッドの教授法であり、ルソーの自然主義そしてペスタロッチの直観教育の影響を受けており、幼児が母語を習得する過程と同じように、第二言語を自然に学習者の聴覚や視覚に訴えていく、直観的な教授法である。伊藤嘉一（1990）によればベルリッツ法は、次のような特徴を持っているとしている[5]。

　1．授業中、教師も生徒も母語はいっさい使用しない。

　2．外国語の意味は実物や絵、動作などによって与えられる。

　3．話し言葉に習熟するまで文字はいっさい見せない。

4．教師の音声をモデルとして模倣・反復練習、問答練習を中心に行う。

5．教師はすべてネイティブスピーカーを使用する。

6．少人数クラス(1クラス5〜10名程度)による個人練習を徹底させる。

7．文法は初期には教えない。

このように、教師は教える外国語を母語とし少人数のクラスサイズで行い、学習中は学習者の母語の使用を一切禁じ、学習対象になっている言語のみを使用して授業は行われる。これは外国にいるのと同じような環境を人為的に作ることによって、主に日常会話を教えることをねらいとしたものである。そのために、実物・絵・動作などによって意味が示され、音声とその対象物もしくは対象とする概念が直接結びつくような教育が行われ、話し言葉に習熟してから文字による学習が行われる。

しかし、山口(1991)はベルリッツ法のデメリットとして、幼児が母語を習得する過程を外国語教育に応用したベルリッツの直接法による学習方法では、「学習者の母国語の実力や知的能力を学習にいかすことが出来ない。・・・さらに、この方法は学習者の集団を小さくしないと効果がない」[6]とし、教師はすべてネイティブスピーカーが必要で、しかもクラスサイズは10名以下が要求されることを指摘している。また、教師の発音を模倣することが唯一の発音指導なので、ネイティブといえどもかなりの特別な教育を受けた者でないかぎり、不正確な発音を生徒に教授する可能性があることなどもあげ

ている。

　一方、発話に関して Krashen の提唱するナチュラル・アプローチで
は、理解が表出に先行するということを原理としており、聞くこと
や読むことの理解が先ずあり、その次に話すことや書くことの能力
が生じるという考えに基づいている。故に、聴解力と読解力が最も
重要な学習課題であり、発話や書字は時がくればおのずと表出する
ものと捉えられている。第二言語の習得能力は理解できるインプッ
トから生じると考えられ、「学習者にその時期がくるまで話すことを
強制せず、伝達に支障をきたさない限り、発話の誤りを訂正しない」
[7] という学習方法がとられる。この話すことを強制しない理由は、
学習者は教えられることによって第二言語を流暢に話すことができ
るのではなく、インプットを第二言語によって理解することにより
自然に話せるようになるものであると、次のように述べている。

　　「言語教育の最も重要な要素はインプットだということになる。
　　インプット仮説によれば、言語が習得されるのは、伝達内容が
　　理解されるとき、すなわち、形式ではなく、言われている内容
　　に焦点が当てられているときに限られる。・・・言語の指導効果
　　が最もあがるのは、伝達のために言語が使われているときであ
　　って、意識的に学習させようとして、理路整然と教えられると
　　きではない」[8]

　このように Krashen のナチュラル・アプローチの最も重要な原理
は、学習者への理解できるインプットの提供であるが、はたしてそ
のような適切なインプットを実際の授業で確保することは可能なの

であろうか。ナチュラル・アプローチを実践している、松香(1995)によると、インプット量を確保・拡大することは次のような方法により、実践上の障害は克服できると述べている[9]。

　1．クラスの中で使用する言葉を教師も生徒も英語のみにする。

　2．テープを家庭でも聞かせる。

　3．絵本やリズムのある教材を与える。

　4．文字を読めるようにすることにより自分でインプットできる方法を確立する。

　5．子ども同士の発話がインプット材料になるような場面をつくる。

しかし、ナチュラル・アプローチの経験上、最大の障害になるのは「子どもに『しゃべりたい』という意志があるからこそ成立していること」[10]であるとし、その学習方法が学習者の学習意欲に依存している点だと、松香は指摘している。このアプローチでは発話を強制することはしないので、学習者のしゃべりたいという意志がなければ発話は成立せず、ナチュラルな第二言語の習得はあり得ないと述べている。

　この発話が強制されず、誤りも訂正されないという学習方法は、Krashen の「学習」・「習得」理論からきており、「学習」は言語そのものが意識された学習目標として形式的知識を得ることであり、第二言語の発話は言語が伝達のための手段として用いられ学習目標として意識されない「習得」によってのみ起こるとしている。しかし、このナチュラル・アプローチの基本原理に対して、Steinberg は意識さ

れた学習目標として得た形式的知識が無意識的・自動的な運用能力になる場合もあり得ると次のように指摘し、「学習」・「習得」理論に対して否定的な立場をとっている。

「Krashen は、規則を提示され、説明を受けて得た知識が無意識的・自動的になり得ないというが、それは第二言語の文を表出する場合に多くの人々が経験することとは直感的に反している。・・・すべての第二言語学習者は、自分の経験に照らせば、気づくことすら難しいが、そのような意識的に学習した規則が無意識的・自動的になってゆく、という例をあげることができるであろう。もちろん、第二言語学習者が文の構成をするときに文法規則を適用する時期はある。だが、それは、その知識をまだ完全なものにしていない初期段階のころに限られるだろう。・・・正規の授業場面で得られる多くの知識は、無意識化され、自動化され得る。Krashen の習得・学習の区別は妥当性がなく、経験上、明示的な学習が無意識的になり得ることが示されるので、解説によって文法を教えることが利をもたらさないと考える根拠はないといえる」[11]

さらに Baker（1996）も、バイリンガル教育において子どもと成人の学習を日々観察している実践的立場より、「習得と学習の区別は明確なものでもなく、切り離して考えられるものでもない」[12]と述べている。筆者も説明によって得た「形式的知識」が「無意識的・自動的な技能」になりうることはあり得ると考える。例をあげるなら、自動車の運転などがそれにあたるのではなかろうか。初心者の時は、

操作を教えられ、その知識を一つ一つ確認しながら運転していたものが、慣れてくるとあたかも機械と一体化したように無意識的・自動的に運転できるようになる。このように説明を受けて得た知識もSteinberg が指摘するように、無意識的・自動的になり得ると考えるのが妥当ではないかと思われる。

また、Krashen が唱えている習得を促すために、説明を行わないというのは、自分で運転操作を発見しながら運転を学んで行くようなもので、学習効率が極端に悪いのではなかろうか。第二言語の学習に関しても同様で、特に入門期には、ある程度の説明を行うことがより早く深い理解につながり、効率的に第二言語を学習していくものと思われる。

他方、Steinberg は、12 歳位以上で第二言語を学び始めた場合、母語を習得するように努力や苦労を意識しないで学習できるような学習方法はないとしている。さらに、教授法の方法論は、学習効果を保証するものではなく、どのような教授法・学習方法がとられても、それを用いる教師の力量によって学習効率が大きく左右されると主張している。また、「教授法の効果を比較する実証的研究はこれまでなされていない。そのような比較を価値あるものにするような研究を行うのは困難をきわめるであろう」[13]と指摘し、その理由は、生徒の能力を実験対象として統制することの困難さ、教師の言語的能力や個性の多様さ、被験者の進歩を正確に計りうる言語テストの問題など、多くの困難が存在するからであると述べている。このようにある一定の教授法が学習効果があり、すぐに結果に結びつくとい

うものではなく、各教授法は学習の方向性をある程度示すものにすぎず、各教育現場の状況に合わせて、教師の判断で色々な教授法を適切に組み合わせて折衷的な学習方法がとられるべきであると主張している。Steinberg はそのような現場の教師による折衷的な学習方法がとられることを前提にして、発話を特に学習目標とした場合、Asherの全身反応法と Wilkins のコミュニカティブ言語教授法を、彼の著書の中で成功例として紹介している。

Asher の全身反応法は 1970 年代に創始され、その特徴は身体的活動を言語学習の過程で強調することである。この教授法では、幼児が経験を得るのに動作が不可欠なのと、命令文への反応は意味の発見への近道であると捉えられている。この教授法の学習方法は第二言語のみが授業中使用され、そこで扱われる言語の表現はすべて命令文であり、その動作を通して意味を習得して行く。そして、聴くことを重視し、最初に十分な聴解力に対する学習を行い、次に発話と読み書きという優先順位で進んで行く。また、自然的教授法と同じように少人数のクラスサイズによって授業は行われる。

この教授法について Steinberg は、特に入門期の学習者を対象とするのが最適であろうと述べている。その理由として、「言語知識のレベルが高くなると、行動することはコミュニケーションをする上でそれほど効果的でなくなる」[14] とし、言語の表現内容と行動の整合性が求められるため、表現の内容が抽象的で概念的なものには適さないことを指摘している。そして、この学習方法では絶えず指導者が必要となり、教室外で新たな知識を得たり、復習したりすること

は困難で、家庭での学習に対して問題があることをあげている。

　また、Wilkins のコミュニカティブ言語教授法は 1970 年代初めに提唱され、発話におけるコミュニケーションを機能と概念の二つに分類している。機能とは依頼、否定、不平、弁解を行う場面での言語能力と限定し、概念とは頻度、量、場所を表す表現としている。この教授法では学習者はコミュニケーションを欲しているという前提の基で学習方法が構成されており、授業では現実的に遭遇するであろう日常的な場面を想定して行われ、その状況で予想される日常会話の対話を聴くと同時に読むことを行い、原則的には翻訳や文法の解説は行われない。しかし、教師が学習者に対して必要と判断すれば、母語を使用して説明なども行う。他の発話中心の教授法では、「聴くこと・話すこと」が、「読むこと・書くこと」よりも優先されているが、このコミュニカティブ言語教授法においては、そのような優先順位はなく、コミュニケーションに役立つと思われれば読み・書きもすぐに授業に導入する学習方法がとられる。このコミュニカティブ言語教授法による学習方法は、教育現場の状況に則して臨機応変に対応していくという点は柔軟性に優れているが、それだけ教員の力量が問われる教授法であると思われる。

　以上の議論より、筆者は発話の学習方法において次に示した項目が配慮されるべきであると思われる。

　　1．教室という学習環境はすでに発話にとってナチュラルな環境ではない。

　　2．理解が表出（発話）に先行する。

３．ある程度の解説は入門期から必要である。

　　４．行動と言語を直結させる。

　　５．ネイティブの音に多く触れる。

　　６．言語を意志伝達の手段と捉え、学習意欲への配慮を行う。

これら６点を鑑みるに、一つの教授法がすべての項目を満たすこと
は不可能であろう。現実的には、公立小学校での第二言語における
発話の学習は、担当教師が優先順位をつけてそれに見合う多岐に亘
る教授法を導入するという、折衷的な学習方法がとられるべきであ
ろう。

②語彙の拡大における第二言語教育の学習方法について

　言語習得に関する他の動物との大脳生理学的な差異について
Penfield は、人間以外の動物の脳には神秘的な本能が貯蔵されており、
餌の捕獲、住みかの作り方、生命の危機に瀕した時の対処法などに
対して本能が動物たちを導いていくが、人間の脳にはこのような型
の本能的導きがなく、その代わりに高度な学習能力と言語能力が生
得的に備わっているとしている。その学習能力によって幼い頃から
長きに亘って見たり、聞いたり、経験するたびごとに得た情報をそ
のつど知覚して、永久的に固定化された各対象に対する概念が形成
され、徐々にその概念と言語が結びつき語彙の拡大がなされて行く
として、次のように述べている。

　「ある物が見られ聞かれ経験される度毎に、個人はそれを知覚す
　る。その知覚の一部は、彼自身がそのとき行う解釈に由来する。

連続的な知覚をする度毎に、永久的な概念が形成され、また、

たぶん変更される。そしてまた、語が徐々に習得されて、語の

宝庫である皮質‐視床間の言語のメカニズムに貯蔵される」[15]

さらに、語と概念が繰り返し経験されることによって語と概念を結

ぶニューロンの伝達が促進され、固定化されることになり、「個人が

ある観念を選択するやいなや、その語が正常に出現してきて、そし

て彼は、意識的活動により、その語を話し、書き、または外的表現

なしにその語を心の中で定式化できるようになる」[16] と主張してい

る。故に、第二言語を学習する際、母語にたよって教えられると母

語で形成された概念のみが強化されることになるのである。第二言

語における語の概念を形成するためには、その言語によって見たり、

聞いたり、経験して知覚して行く必要があり、語彙を拡大させるた

めの理想的な学習方法として Penfield は、「母親の方法」と称し、「子

どもが理解できないうちでも、母親は子どもに話しかける。子ども

が話せないうちでも、母親は子どもが理解できるのを待ち設ける。

子どもがはじめて語を話す時には、悦んでくれる聴き手がある。言

語は、子どもにとっては、ただ目的のための手段であり、決して目

的自体なのではない」[17] とする直接法が用いられることを主張して

いる。

　この「母親の方法」の直接法による学習方法に最も近く、教授法

として成功している例として、Penfield はやはりベルリッツ法をあげ

ているが、このベルリッツ法での学習方法における語彙の拡大に関

して、伊藤嘉一は次のような特徴をあげている [18]。

１．実物教授による具体的指導。

　２．観念連合による抽象的な語・文の指導。

　実物、写真、動作などにより語と概念を直接結びつけ語彙の拡大を図るとともに、フランス人言語学者 Gouin F.が提唱した言語習得理論である、観念連合の指導原理を応用している。　Gouin は、「観念心理の原則を言語教育に適用して、普通一緒に連合されるものは一緒に教えるべき」[19]だと主張しており、幼児の思考の順序にあわせて教材が配列されるべきであると唱えた。具体的には、学習者の心理的動きに沿うように、よく使われる単語や文を自然な順序によって、次のような方法で配列して行く。

　　「思考による一連の連続した動作はシリーズ（series）と称され、教材はこのシリーズによって構成されている。・・・そしていくつかのシリーズが、『家庭』『人間』『生活』『科学』『職業』という全体的シリーズを構成する。さらにこれらは下位区別される（例えば職業であれば服屋、靴屋、大工などである。）このようにしてシリーズ全体で 50,000 の文と 8,000 の単語が教えられる」[20]

　このようにベルリッツ法では、幼児が生活の中から母語を習得して行くがごとき環境を再現することを試みるため、語や文の提示にも配慮がなされる。そして、第二言語でそれらの語彙を知覚することによってその言語が生活を理解するための直接のシンボルとなり、対象物とその概念とが結びつくような学習方法で語彙の拡大が図られる。

　さらに、語彙の拡大について Krashen は、「語彙力は理解力につな

がり、理解力は習得につながる」[21] として、語彙の重要性を強調し、教室では新しい語彙の理解を絶えず目指して行われるべきであるとしている。語彙の理解なくして言語の習得はありえず、形態構造や統語法などを習得することができるのも、語彙の理解によって文意を理解するからこそ可能なのであり、言語習得は語彙の意味の認識に依存していると捉えている。そのような語彙の捉え方をしているナチュラル・アプローチにおける語彙の拡大に対する指導の特徴として、次の4点をあげることができると思われる。

1．学習は内容理解におかれる。

2．機械的反復ドリルは行わない。

3．特定のキーワードを提示する。

4．必要な語彙を重点的に習得する。

Krashen のインプット仮説では、「言語の指導効果が最もあがるのは、伝達のために言語が使われているときであって、意識的に学習させようとして、理路整然と教えられるときではない」[22] としており、学習者は語彙学習に関心があるのではなく、伝達活動にこそ興味があるものであると主張している。故に、語彙の拡大を目標とした学習では、伝達内容を理解することによる結果として、語彙の拡大がなされるものであると捉えている。

また、機械的反復ドリルを行わない理由は、語彙の練習を通した語の記憶は長期的には定着しない、「長期保存可能な本格的な語彙学習は、実際の伝達場面で語彙が効果的に提示されたときにのみ生ずる」[23] と考えるからである。そして、特定のキーワードを提示する

ことは、「計画的語彙指導、すなわち新出単語の意味に慎重に焦点を当てた練習や活動が、習得を助けるのに役立ちうることがある」[24]からであり、教師が重要な語彙の説明を前もって教えることにより、学習活動自体を理解しやすくするものである。ただし、前もって特定の単語を教えたことが習得につながるのではなく、あくまでも理解しやすくなった活動を通して、語彙は習得されるのであると強調している。最後に、必要な語彙を重点的に習得することは、「ナチュラル・アプローチの目標は、教室外で言語使用ができるよう十分な語彙を与え、学習者が第二言語習得を継続できるような状態をつくることである」[25]ということであり、学習者が実際の第二言語での伝達場面に参加でき、それによって自ら言語習得を促進・継続して行くことができるような能力を養うことが目標とされる。故に、将来学習者が直面するであろうすべての語彙を学習する必要はなく、また、そのようなことは実際的なことではないと捉えて、あくまでも伝達のための基礎作りのための語彙の拡大を目指している。

このように、Penfield は実物を通して、具体的に語彙の指導や解説を行うべきであると主張しているのに対して、Krashen は語彙だけを取りあげて指導すべきではなく、伝達内容を通して、帰納的に語彙は学習されるべきであると唱えている。他方 Steinberg は、特に 12 歳以下の子どもが対象の場合、語彙などを解説していく学習方法よりも、自己発見による帰納的学習過程の方がより効果的であるとし、成人よりも子どもの方が帰納的学習方法に優れていると、次のように述べている。

「第二言語の発話を聞き、それを記憶する子どもは、その発話の基底にある一般性もしくは規則を分析したり、発見したりできる」[26]

さらに、学習の場面を自然的場面と教室場面とに分けて論じており、自然的場面とは、「第二言語が母国語学習場面に類似する形で学習される。・・・言語が日常の事物や場面や出来事とともに経験されること」[27]としている。他方、教室場面とは、「計画された場面、あるいは人為的に作られたとも言える場面。・・・物理的には、外の世界から隔離するように整えられた・・・閉ざされた空間」[28]と述べている。教室場面の学習にとって、第二言語が教室外で使用されている環境下にあるかどうかは重要な要因であると指摘しており、これは米国で外国人が英語を学習するのと、日本で英語を学習するのとでは、教室外での自然的場面に依存した学習の場がないので、おのずと教室場面での学習に頼ることとなるとし、自然的場面と教室場面との相互作用を視野にいれて第二言語の学習は論じられるべきであると主張している。そして、Steinberg は自然的場面は、子どもに有利な学習場面であることを指摘しており、言語は生活上の出来事に付随する形で学習されるべきであることが示唆されている。他方、教室場面での学習は、次の2点より、「年齢が上がれば上がるほど、うまくそのような場面に適応し、機能できる」[29]と述べている。

　１．集団行動に社会的に適応する必要がある。

　２．学問的な科目としての言語学習に慣れている必要がある。

教室では、自分の行動を抑制し、教師の指示に従うことが要求され

る。また、規則的な授業への出席、長時間の集中、宿題の提出など
の要求に応えることが期待される。さらに、教師の説明に沿って本
を使用したり、ノートを取ったりする学習技能も要求されることに
なり、12歳以上で教室場面での学習適応度は高く、7 〜 12歳では中
程度、7歳以下では低いと主張している[30]。

　以上の論点を踏まえて、筆者が考える語彙の拡大の目的は、第二
言語におけるコミュニケーション能力の育成である。そのような伝
達能力を重視した語彙の拡大では、なるべく低い年齢より多くの自
然的場面を通して帰納的に語彙の拡大がなされるべきであると思わ
れる。故に、公立小学校における第二言語の学習においても、殆ど
のケースで行われるであろう教室場面での教師からの解説的学習方
法を、いかにして帰納的学習方法、または、自然的場面へ転換でき
るかが重要な課題であると思われる。

③文法における第二言語教育の学習方法について

　第二言語の文法の学習方法について Penfield は、母親が母語を子ど
もに教えるがごとく学習して行く直接法が理想的であると主張し、
文法を教えその規則に従って第二言語を表出させるというよりは、
反射的に母語から他言語へ自然な切り替えがなされるようになるべ
きであるとしている。そのためにはネイティブの教師によって、目
的を達成するための手段として第二言語の学習を開始すべきで、そ
の理想的な開始年齢は 4 〜 10 歳の間であり、その年齢で学習を始め
た子ども達は 2 〜 3 カ国語でも意識すらすることなく複数の言語を

習得して行くと、次のように述べている。

　「子どもが家庭で 1 カ国語を聞き、学校でもう 1 カ国語を聞き、
　　さらに育児室で家庭教師から第 3 の国語を聞くならば、子ども
　　は自分が 3 カ国語を学習していることに全く気づかない」[31]

　さらに、そのような学習を可能にするのは学習環境の固定化であ
り、家庭・学校・育児室という場に依存して言語を使い分けること
を自然に身につけさせる必要性を、次のように強調している。

　「皮質‐視床間の言語メカニズムが、すべてこの 3 カ国語に役立
　　っており、解剖学的な区別はないけれども、1 カ国語から他の
　　国語へ言語を変えることを許すような、奇妙に有効な自動スイ
　　ッチがある。・・・実験的生理学者たちなら、条件反射と呼ぶで
　　あろう。英語しか話さない人に対しては英語を話す。またフラ
　　ンス語を話す人に対したり、フランス語の単語をきくときには、
　　条件づけ信号はそのスイッチを閉じて、フランス語だけが心に
　　浮かんでくるのである。他種類の国語を学習する間は、その学
　　習者は環境をあまり変えるべきでないという事が最良の方策の
　　ようである」[32]

　これらのように、Penfield は文法を意識的に教えることはせず、あ
くまでも言語活動を通して語の配列の規則性を習得して行く、帰納
的な学習方法がとられるべきであると唱えている。このような文法
に関する学習方法は、彼が成功例としてあげた教授法であるベルリ
ッツ法にも共通して見られることで、伊藤嘉一は、次の 3 点をその
特徴としてあげている[33]。

86

1．文法は初期には教えない。

2．口頭作業中帰納的に文法は理解させる。

3．文法を体系的に教えるのはコースの終わりになってから。

一方、Krashen のナチュラル・アプローチでも、文法は帰納的に学習されるべきであるという捉え方をしており、第二言語による伝達能力を養うことが最優先される。そして、文法を意識的に知ることは第二言語の文を変更したり訂正するモニターとして補足的な機能でしか役に立たないと、次のように述べている。

「意識している規則は、第二言語を使うとき限られた機能しか果たさない。即ち、変更するとき、うまくいけば誤りを訂正するときのみ、意識している文法規則に頼る」[34]

このように、第二言語の伝達能力を習得させるためには、文法を授業の中心とせず、第二言語で話される内容の理解を中心とするように授業の目標を定めれば、特定の文法構造を練習しなくても効果的に文法は習得できると主張し、入門期の学習者へは、文法的正確さよりも伝達能力の育成に配慮がなされるべきであることを強調している。

Krashen はこのように限られた役割りしかはたさない文法の学習は、授業で行うことはなるべく避けるようにし、教室外でテキストなどを活用して行うべきで、それらに対して学習者が質問を持てばその都度理解するまで答え、混乱や不安を取り除くようにする程度でよいとしている。そして、もし文法の説明を授業中にするのであれば、学習者の母語ではなく学んでいる第二言語によって簡潔に行うべき

であり、第二言語を使用して文法の説明を行う理由として、習得のためのインプットを新たに与えることになるからだとしている。

　また、学習者の母語で文法の説明がなされた場合、文法そのものの理解は効率的かもしれないが、第二言語の習得の機会を奪うことになってしまうことを指摘している。さらに、第二言語で文法の説明を受けてそれを理解できないということは、未だ文法を教えるほどの言語習得段階には達していないということなので、適切な時期まで説明を延期するための判断の基準になるとしている。

　故に、ナチュラル・アプローチでは、「目標言語の知識の全くない学習者を、母国語話者の言うことがわかり、自分の考えや希望を伝達できるところまで導いていくのに基本的なものは習得活動である」[35]という捉え方をしており、文法などの学習活動は学習者が短い文を表出するまで始めないほうがよいという主張である。そして、ある程度学習者が第二言語を用いて上手に意思伝達ができるような段階になって、習得能力を補足するためにいくらかの時間をさいて行う程度のものという、文法学習に対する位置づけである。

　他方、Steinberg は教えられた文法が言語運用能力には反映されないとする Krashen の主張に否定的であり、文法学習に対して学習者の年齢が考慮されるべきであるとし、年齢によっては習熟すれば反射的に文法を使いこなすことができると日本語学習者の例をあげて、次のように述べている。

　「例えば、日本語の学習の初めに、その語順が、主語十目的語十
　　動詞であると教えられ、やがて日本語が流暢になったりする。

そのような人が、日常の日本文の表出の際には常にその語順が意識されている、という Krashen の話を聞けば、必ず驚くであろう。・・・正規の授業場面で得られる多くの知識は、無意識化され、自動化され得る」[36)]

このような Steinberg の指摘は、学習者の年齢によっては文法を母語によって解説することの有効性を肯定するものであり、その代表的な教授法の例として、文法訳読式教授法をあげている。この教授法の最大の長所として、「絶えず変貌を遂げる心理学理論や言語学理論への驚くべき適応性」[37)] をあげている。この教授法は様々な学習理論への対応が容易であり、学習者の母語へ訳して文法を理解しようとする過程は不変であると述べている。しかし、この教授法の限界として、「年少児には使えない。年少児は読み書きがうまくできないし、文法上の説明が理解できないからである」[38)] とし、年少児へは文の内容を知覚させるため、絵・写真・行為などにより第二言語を用いて疑似体験させ、学習者が自ら文構造の規則性を見いだす帰納的学習方法の方がより適していると唱えている。

　以上の議論を踏まえて、第二言語における文法の学習方法は、学習者の年齢を考慮して行われるべきで、理解力が高い成人に対しては解説的な学習方法がより効果的であると思われる。他方、年少児の子どもに対しては、第二言語によって目的を達成する行為などの疑似体験を通して、帰納的に文法が学習されるべきであろう。故に、公立小学校では、文法には直接触れず文の内容を具体的な形で提示して、学習者へ知覚させ、その結果として、文構造を学ばせる帰納

的学習方法が言語習得の点からみて最も適していると思われる。

（注）

1） 渡邉寛治「外国語会話等の授業で、子どもの何を育むのか」
　　『英語教育』6月号、1999年、28頁。

2） 久埜百合「早期英語教育の Dos&Don'ts」『英語教育』10月号、
　　1999年、18頁。

3） 鈴木孝夫『日本人はなぜ英語ができないか』岩波新書、
　　2001年、98頁。

4） Penfield, W. & L. Roberts, *Speech and Brain-mechanisms*, Princeton University
　　Press, 1959, pp.239-242.
　　上村忠雄・前田利夫訳『言語と大脳』誠信書房、1965年、244-247
　　頁。原書にあたり原文と照合して内容を確認した後、訳文を用
　　いた。以降の本書からの引用も同様である。

5） 伊藤嘉一『英語教授法のすべて』大修館書店、1990年、51-55頁。

6） 山口巖『外国語教育のすすめ方』リーベル出版、1991年、27頁。

7） Krashen, S. D. & T. D. Terrell, *The Natural Approach*, Prentice Hall, 1983, p.20.
　　藤森和子訳『ナチュラル・アプローチのすすめ』大修館書店、1986
　　年、21頁。原書にあたり原文と照合して内容を確認した後、訳
　　文を用いた。以降の本書からの引用も同様である。

8） 同上、p.55、訳書67頁。

9） 松香洋子「ナチュラル・アプローチの試み」『児童英語教育の常
　　識』日本児童英語教育学会編、1995年、111頁。

10） 同上、113-115頁。

11) Steinberg, D. D., *An Introduction to Psycholinguistics*, Longman, 1993, pp.234-235.

竹中龍範、山田純訳『心理言語学への招待』大修館書店、1995年、260頁。原書にあたり原文と照合して内容を確認した後、訳文を用いた。以降の本書からの引用も同様である。

12) Baker, C., *Foundations of Bilingual Education and Bilingualism*, Clevedon: Multilingual Matters, 1993.

岡秀夫他訳『バイリンガル教育と第二言語習得』大修館書店、1996年、88頁。

13) Steinberg, D. D., 前掲書11)、pp.238-240、訳書264-265頁。

14) 同上、pp.229-231、訳書254-256頁。

15) Penfield, W. & L. Roberts, 前掲書4)、p.228、訳書231頁。

16) 同上、p.231、訳書234頁。

17) 同上、p.254、訳書260頁。

18) 伊藤嘉一、前掲書5)、53頁。

19) Mackey, W.F., *Language Teaching Analysis*, Longman, Green & Co., Ltd. 1965.
伊藤健三、和田正吾、池田重三共訳『言語教育分析』
大修館書店、1976年、226頁。

20) 伊藤嘉一、前掲書5)、56頁。

21) Krashen, S. D. & T. D. Terrell, 前掲書7)、p.55、訳書68頁。

22) 同上、p.55、訳書67頁。

23) 同上、p.156、訳書197頁。

24) 同上、p. 157、訳書197頁。

25）同上、p. 157、訳書 197 頁。

26）Steinberg, D. D.,　前掲書 11）、p.205、訳書 228 頁。

27）同上、p.210、訳書 234 頁。

28）同上、p.211、訳書 235 頁。

29）同上、p.212、訳書 236 頁。

30）Steinberg は社会的要因を「自然的」と「教室」の 2 つに分けて、それらにおける年齢と第二言語学習への影響を考察した。

31）Penfield, W. & L. Roberts,　前掲書 4 ）、p.253、訳書 259 頁。

32）同上、p.253、訳書 260 頁。

33）伊藤嘉一、前掲書 5 ）、54 頁。

34）Krashen, S. D. & T. D. Terrell,　前掲書 7 ）、p.18、訳書 18 頁。

35）同上、p. 148、訳書 186 頁。

36）Steinberg, D. D.,　前掲書 11）、pp.234-236、訳書 260-261 頁。

37）同上、p.223、訳書 247 頁。

38）同上、pp.223-224、訳書 248 頁。

Ⅱ－3. 言語習得理論における第二言語教育の
「学習内容」の取り扱い方についての議論

　学習内容は学習目標に従って、学習方法と統合的に検討され選択されるべきものであろう。前節の学習方法で触れたように、公立小学校にて 2002 年度から実施された第二言語の学習というのは、「総合的な学習の時間」という授業の枠組みにおいて複数ある選択肢の中での国際理解教育の一環としての言語活動にすぎず、現場の教師の解釈によって、言語学習の程度に違いが現れることとなった。さらに、中学校の教科としての英語との関連性もそれぞれの教育的立場で様々な考え方が主張された。

　例えば、影浦（2000）によると、小学校の学習内容は中学校と一線を画すべきであると、次のように述べている。

　　「小学校における英語活動は、中学校の学習内容の先取りではなく、あくまでも、子どもの遊び感覚を大事にしながら、子どもが『言いたいこと』や『したいこと』を中心にした子どものニーズを重視し、身近で、やさしい、音声を中心とした活動を工夫することが大切である」[1]

　このように、第二言語に慣れ親しむことを学習の目標として唱える実践家や研究者がいれば、より高次の第二言語教育を目標とすべきであると主張する者も少なからずいる。その例として、矢次（2000）は中学校からの英語教育を視野に入れて、単に触れさせるというよりは一歩踏み込んで中学校の準備段階として位置づけ、ある程度の

「読み」、「書き」も含めた学習内容が小学校でなされるべきである
とし、次のように述べている。

　「小学校における英語教育の長期的指導目標は、中学校からの学
　習に備え、その基礎となる力を養わせることである。すなわち、
　英語の音声に慣れさせ、英語による話しかけに対して英語を使
　ってなんとかコミュニケーションを図ろうとする積極的な態度
　を身につけさせることが目標となる。したがって、『聞くこと』
　『話すこと』を重視し、『読むこと』『書くこと』については段
　階的に徐々に親しませる」[2]

　これらのように、学習目標をどのように位置づけるかによって必
然的に学習内容も変わってくるものであるが、松川（2000）による
と、そもそも「総合的な学習の時間」は次の4つのポイントが学習
のねらいであり、それらを踏まえた英語学習であることを教育関係
者が学習内容を決定する上で理解する必要性を指摘している[3]。

　　1．問題解決能力の育成。

　　2．学び方、ものの考え方の育成。

　　3．主体的、創造的な問題解決の態度。

　　4．自己の生き方を考えること。

　これらの学習のねらいが示すものは、「総合的な学習の時間」での
英語学習が英語の技能を育成するというよりは、外国語を通した異
文化体験的内容を想定したものであることであろう。このような国
際理解を基軸とする学習において影浦は、「小学校における『国際理
解』は、いくつかの具体的な活動が考えられるが、大きく分けて次

の３つの活動が考えられる。『国際交流活動』と『英語活動』と『調べ活動』である」[4]と述べている。「国際交流活動」では、地域の外国人や外国語学校及び外国の学校などとの交流を通して言葉や異文化に触れることを行う。「英語活動」では、身近な英語を言語材料にして、簡単な英語を聞いたり話したりしながら体を動かしながら英語に慣れ親しむ。「調べ活動」では、外国の生活や文化について生徒が調べて発表することを行う。これらの学習内容を通して、自国の価値観に囚われない国際感覚の構成要素である、「好奇心」、「柔軟性」、「歴史感覚」、「個の確立と尊重」、「表現力」を子ども達に身につけさせようとするものである、と影浦は強調している。

　しかし、「総合的な学習の時間」という年間 35 ～ 50 時間程度の授業において、「国際交流」、「英語活動」、「調べ活動」を通した、国際感覚の育成は可能なのであろうか。あまりにも学習内容が散漫になりすぎて、結局どれも中途半端に終わりはしないだろうか。より的が絞られた学習内容であるべきではなかろうか。この様な懸念が出ることに関して、松川は、小学校での英語の学習目的・目標が国際理解に埋没して、明確化されていないことが原因であると、次のように指摘している。

　　「小学校への英語導入の現段階が中途半端だとされるのは、明確な目的・目標なしに年間 35 時間ほどもあるカリキュラムを作ろうとしているところにある。・・・英語が小学校のカリキュラムに位置づけられて正当性を得るためには、そして中学校英語の前倒しではないというなら、まず何のためにどんな内容を教え、

どんな学力をつけるのかを、明確にする必要がある」[5]

このように、公立小学校で 2002 年度から実施された第二言語学習とは、言語習得の面からみると大変中途半端な位置づけであるが、この節では、言語を習得するためにはいかなる学習内容が効果的なのか、前節の学習方法と同様に、①発話、②語彙の拡大、③文法の観点より、Penfield、Krashen、Steinberg の主張を中心として検討して行く。

①発話における第二言語教育の学習内容について

第二言語の学習内容に関して Penfield は、先述したように、家庭で子どもが母語を習得して行くような内容であるべきで、言語の習得そのものが目的であるべきではなく、何かをなし得るための手段として学ばれるべきであると、次のように主張している。

「言語を学ぶことは、生活について学ぶ方法なのであり、子どもが欲しいものを得るための手段なのであり、また、もともと心にくすぶっていて鎮めがたい好奇心を満足させる一つの方法なのである。・・・言語は子どもにとって意識的な主要目標とはならないのである。・・・学習意欲によって単語を集めたり、言語を習得しようというような気持ちがあってはならない。ゲームや問題を、その国語を用いてうまく成功させたり、生活や他の楽しい事を、その国語を用いてうまく学ばせたりするのでなければならない」[6]

このように彼が主張する生活の手段としての第二言語習得の学習

は、ネイティブの教師によって、理想的には子ども達がゲームや唱歌ができるようになる4〜6歳の幼稚園の段階で学習を開始するべきで、このような年齢の言語習得に対して特殊な能力や可塑性が備わっている生理学的過程に則した第二言語の学習であれば、「その言語は全く教えられなくてもよい」[7]と主張している。

その Penfield が理想とする第二言語の学習内容に最も近い教授法として、彼自身が推薦した先述のベルリッツ法があるが、発話に関するベルリッツ法における学習内容の特徴として、伊藤嘉一（1990）は、次の点を指摘している[8]。

1．話し言葉に習熟するまで文字はいっさい使用せず、絵や写真などを利用した教材は、具体的なものから抽象的なものへ、易しいものから難しいものへ配列されている。

2．教師の音声をモデルとして模倣・反復練習・問答練習を中心に行い、語句や文は生徒の日常に関連したものを使用して、生徒の興味付けを行う。

この特徴にあげられているように、ベルリッツ法は音を重視した学習内容であり、視覚・聴覚に訴えた感覚に基づく学習を行っていく。

他方、Krashen はナチュラル・アプローチにおいて発話に関する学習内容は、個人的コミュニケーションの基本的技能の習得を目指すものとして、具体的に次の5点をあげている[9]。

1．1人ないし2人以上の第二言語話者との会話に参加する。

2．他人の会話を聞く。

3．公共の場で伝達を聞く。

4．公共の場で情報を求める。

　　5．ラジオ・テレビ・映画・音楽を聞く。

　さらに、これら個人的コミュニケーションの基本技能は、「場面」、「機能」、「話題」に基づいて状況設定される。例えば、「場面」をホテルと設定すると、「機能」は情報のやりとりで、「話題」は宿泊を依頼するというような学習内容になる。また、発話に関しては、「文法の細部すみずみまで正確である必要はない」[10] として、何よりも発話が相手に理解されることを最優先する。

　多くのインプットと情意フィルターを低くするように教師は心がけ、初期の発話指導では yes-no によって答える簡単な質問による会話指導を行う。次の段階で、either-or 疑問文を使い学習者の理解を確認しながら「理解できるインプット」を提供するように努めて行く。学習者の誤りについては、自己訂正させたり直接訂正する必要はなく、教師は正しい文を学習者に告げてインプット量を供給するのみの指導を行う。

　また、発音の指導はナチュラル・アプローチでは特別な活動は殆ど行われない。それは「発音の能力や正しいアクセントは、習得されたものにほとんど完全に依存しており、学習された規則に依存しているのではない」[11]（傍点‐引用者）と捉えているからである。教室で学習した発音などは自らの発音がネイティブに近いかどうか確認するモニターとしては役に立つが、実際の運用能力には役に立たないとしている。さらに、発音に関しての学習者への一般的な評価基準について疑問を呈しており、ネイティブと同じような発音に

なって習得が成功したと考えるのは間違った考え方であると、次のように指摘している。

「母国語話者は外国人が何の発音の癖もなく目標言語を話すなどとは思わないものである。語学教師のみがこのように難しい基準を設定する。母国語話者はもっと現実的な期待をしており、それは母国語話者が特別努力しないでも理解できるような発音であること、その発音は非常に苛立たしかったり、わかりにくくて困るようなものでないことである。こうした要求は、多くの語学教師から要求されている『完璧さ』とは非常に異なっている」[12]

このように学習者の発音を必要以上に強調する指導を行うことはせず、より多くの理解できるインプットを提供することによって、より多くの良い見本を学習者へ与えることができれば、発話の能力は養われると主張している。

これら Penfield や Krashen のように、特定の教授法の学習内容が第二言語習得に有効であるとする立場と一線を画すのが Steinberg である。前節の発話の学習方法で触れたように、彼は現場の教師の判断によって折衷的な教授法がとられることを主張している。そのような折衷的な方法がとられることを前提にして、Asher の全身反応法と Wilkins のコミュニカティブ言語教授法が、発話指導に対して、効果的な教授法であると彼の著書の中で推薦していることを前節でも紹介したが、ここではそれらの教授法の学習内容を吟味することによって、Steinberg が理想とする第二言語における発話の学習内容を検討

100

して行く。

山口 (1991) は Asher の全身反応法の学習内容の特徴を次のようにあげている [13]。

1. 教材はすべて命令文からなる。

2. 文の意味は全て動作を通して与える。

この特徴にあげられているように授業では、学習方法と不可分の側面をもちつつ、命令文に従って動作を学習者が行うことによって文意を把握して行く。例えば、初級の場合 "Stand up"、"Open the door"、"Walk to the table" のような指示がでると、先ず教師が実演しその後学習者が同じ行動をとる。さらに、"The book is on the table. Put the book on the chair"、"Who has the book? You? Give the book to him" などのように、動作の指示文と疑問文などの他の文とが組み合わされる。そして、レベルが高くなるにつれて複雑な文が付随した命令文が与えられ、学習者はその行動をとることが要求される。このような学習内容がとられる根拠として、山口は、Asher の主張を次の3点にまとめている [14]。

1. 「聞き取り」の技能が「話すこと」への転移力をもつ。

2. 幼児は動作なしに経験を得ることが出来ない。

3. 他人が命令文に反応するのを見て意味を発見する。

命令文と動作で成りたっているこの学習は、教師が判断してある一定のレベルに達したと思われた場合、クラスの学習者同士で指示を与え合い行動することが求められる。さらに、ゲームを工夫することによって、発話を促すことも可能であるとしている。 Steinberg は

この教授法は、「言語知識のレベルが高くなると、行動することはコミュニケーションをする上でそれほど効果的でなくなる」[15]と指摘しており、第二言語の入門期に適したものであると述べている。

　また、Wilkins のコミュニカティブ言語教授法では、「コミュニケーションは言語と場面、その他非言語要素のすべてを含む総体である」[16]と捉えている。すなわち、言語は記号の集合体ではなく、意味の集合体であり、コミュニケーション能力を育成するためには、言語の形式よりも伝達内容を中心に教えられるべきであるという立場をとっている。言語と場面を重視するため、言語表現を「概念」と「機能」に分けて教材を作成し、より言語が使用される「場面」と「意味」を結びつけ、学習者が伝達内容を理解し易くなるような学習内容としている。「概念」とは、頻度・期間・量・場所などの表現であり、例えば、"I *often* go to the movie" や "1 have *a lot of* friends" であるとしている。他方、「機能」とは依頼、否定、不平、弁解といった表現であり、例をあげると、"Please open the window" や "It's awfully stuffy in here, isn't it?" などがそれらに相当する。このように「概念」と「機能」に基づく日常場面で遭遇する可能性の高い対話表現によって、言語活動を限定し、言語材料を厳選することにより、言語が使用されている「場面」と結びついた言語の「意味」を中心とした学習内容がとられて行く。また、Steinberg はこの教授法は、発話に役に立つとなれば反復練習・母語の補助・構文などの説明を認めており、コミュニケーション能力を高めると思われるものは何でも取り入れると指摘している。

以上の議論を踏まえ、公立小学校における入門期の学習者に対する第二言語の発話の学習内容は、次にあげた点に留意して実施されるべきであると筆者は考える。

　　１．特定の教授法に固執せず、柔軟性を持って臨機応変に多様な学習内容が取り入れられるべきである。

　　２．伝達内容を理解し易くするために、動作が伴う命令文が特に初期の学習者には適していると思われる。

　　３．学習への興味を高めるために、ゲームなどを工夫して、コミュニケーションの楽しさを体験させる。

　　４．抽象的な伝達内容を避け、学習者の生活と密着した具体的な教材内容にする。

　　５．ペアやグループ活動を用いて行う学習内容を提供し、他人の行動を観察する機会を与える。

このように、伝達内容の理解に学習内容の中心を置いて、特に入門期には第二言語を「聞くこと」が重要であろう。そのような聞き取りの技能が発話を促して行くものと思われる。

②語彙の拡大における第二言語教育の学習内容について

　語彙の拡大について Penfield は、6 歳頃から加速度的となり、絶えず読み・話し・聴くことを行い、10 歳頃以降からはそれまでに覚えた語を基本として新たな語彙を拡大させて行くとしている。第二言語の語彙の拡大も 10 歳頃までに形成された言語の単位を用いるので、その時期までにネイティブスピーカーの教師による発音に多く

103

触れさせ、第二言語における言語の単位を形成することが、なまりのあるアクセントを抑制するうえで効果的であると主張している。その際、学習者へは第二言語に対する違和感を取り除き、興味をもたせることが大切であり、学習意欲を無理矢理かき立て、無味乾燥的に単語を覚えさせたりすることは、何ら効果が得られないことであるとし、第二言語を用いてゲームなど楽しく抵抗感の少ない学習内容を行うべきであると主張している。

　また、Penfield は音声を語彙の拡大において重視しているが、これは彼が推薦するベルリッツ法にも共通している点であり、ベルリッツ法では、「文字を導入するのは、話しことばに十分習熟してから」[17]とし、音声とそれに関連した実物・絵・動作によって意味が与えられる。そして、教師の発音に対して模倣の反復練習や口頭での問答練習を行ない、教師の発音を模倣するうちに発音を習得していくものと捉えている。このベルリッツ法は、Penfield が「母親の方法」と称した第二言語の学習方法のように、幼児が母語を日常生活から習得する過程を第二言語教育へ応用したもので、「幼児が母国語を習得する方法が最も自然で理想的な方法」[18]であるという原理の上に成り立っている。Penfield は特にこの幼児が持つ特殊な言語習得能力を強調し、言語を、目的を達成するための手段、意志疎通の媒介物、生活するための一方法としながら語彙の拡大を達成できるのは、脳生理学的要求に合った第二言語の開始時期である 4 歳から 10 歳の間であり、その時期であれば、「母国語の言語単位の仲介をうけずに、直接に新しい諸国語を学習できる」[19]と主張している。

他方、語彙の拡大について Krashen は、「語彙はいくら『記憶』し『練習』しても、定着するものではない」[20] と主張している。語彙が習得されるのは理解できる文や発話の中で聞いた伝達場面のときだけに限られ、語彙だけを単体で取り出し機械的反復練習などをしても、長期に亘り保存可能な語彙の習得はなされないとし「長期保存可能な本格的な語彙習得は、実際の伝達場面で効果的に提示されたときのみに生ずる」[21] と主張している。そして、このような語彙の習得はコミュニケーションにとって不可欠であるとし、語彙の意味を理解することは形態構造や統語法を学習することよりも重要であると考え、「形態構造や統語法に精通するようになるまで、語彙の習得や学習をわざと制限するようなアプローチをよいとは思わない」[22] としている。コミュニケーションにおける伝達内容を理解できるのは、発話の主要部分になる語彙を認識できるからであるとし、言語習得が可能であるのは語彙の理解に基づいたインプットの理解があるからだとしている。

　このようにナチュラル・アプローチでは、理解できるインプットが言語習得をもたらすと考え、語彙の拡大は理解できるインプットの提供のためには不可欠かつ重要な地位を占めるとして、習得活動には絶えず語彙の拡大への配慮を行う。その習得活動の具体例として、次の５つの活動を Krashen は提案している [23]。

　１．情意性・人間性重視の活動

　２．問題解決活動

　３．ゲーム

４．内容中心の活動

５．習得活動のためのグルーピング法

「情意的活動」では、学習者の感情、意見、希望、反応、思想、経験などを教室での活動に取り入れ、話される内容理解に集中させ、同時に情意フィルターを低くするためのものである。具体的には、「対話」や「面接」という状況設定における文において、部分的な空白を設け、その空欄に学習者が創造性を働かせて語彙を埋めて行く。また、「自分自身についての情報公開」として、学習者が自身の事について語ったり、ある話題についての意見を述べたりする。

「問題解決活動」では、学習者同士がある問題について論じたり、教師とクラス全員とで議論をして問題を解決したり、必要な情報を互いに聞き出したりすることによって語彙の拡大を含めた習得活動を行う。具体的には、「表・グラフ・地図」などを用いて、ある問いに対する必要な情報を見つけだす。また、「特定場面の話しことば」の育成のため、ある場面を想定してロールプレーイングなどを行ったりする。

「ゲーム」では、そこで行われる活動は言語習得の基礎作りに役に立ち、重要な経験となるとみなされている。具体的なゲームの例として、人物探しの「アクションゲーム」がある。これは特定の人物の特徴が描写された情報に従って、教室内の他の学習者へ質問をすることによって該当する人物を捜し当てるゲームである。また、一人の学習者がある有名人になり、他の者が yes-no によって答える質問をし、その有名人をあてるということなども行う。

「内容中心の活動」では、言語以外の事柄を学ぶことを目的としており、例えば、数学・社会・美術などを第二言語で学ぶことである。その他、映画、テレビ報道、トークショーなどを利用して、その中で語られている事柄を中心に第二言語を使用して学んで行く。

「習得活動のためのグルーピング法」は、学習者のレベルが上がるにつれて、クラスの他の学習者から多くのインプットを受け取ることができるようになる、という考えに基づいている。これは、小グループに分けることによって、学習者同士の接触がより多くなり、グループ内での諸活動を通してより多くの理解できるインプットを得る機会が増え、その結果、第二言語の習得が促されると考えるからである。

他方、Steinberg が特に入門期に有益だとする Asher の全身反応法では、語彙の学習に対して、文全体を学習者へ与え、その文が意味する事物や行為を通して各語の意味を理解させる。よって与えられる文の内容は、行為が伴い実演しやすい命令文が中心になる。Steinberg は、この全身反応法による語彙の拡大の効果について、次のように述べている。

「日本での話であるが私の心理言語学のクラスの学生は、同僚の1人によるドイツ語の全身反応法の実演授業に参加し、1時間余りで50語から70語以上の語を聞いて理解できるようになった。しかも、それは学生にとって初めてのドイツ語であった」[24]

このように、聴解と行動を同時に行うことによって言語の理解がより深まり、行動と同時に記憶された語彙は忘れにくい、という全

身反応法の原理を Steinberg は支持している。また、その聴解学習を促進させる要因として、伊藤嘉一は全身反応法における学習内容の条件ともなる次の 4 つの特徴をあげている [25]。

1．位置

2．同時性

3．手がかり

4．連続性

「位置」とは、学習者が教室にいて、次の命令文を予測できる状態であることを意味している。「同時性」とは、指示された命令文と同時に行動を取ることであり、その命令文を理解する場合、「手がかり」になるものが身近にあれば、命令文を理解する手助けになると考える。そして、例えば、命令文が「窓の近くに行きなさい」という場合、その直後に「窓を開けなさい」という命令文を与えた場合、そこに行為の「連続性」が生じ、学習者は文の意味をより理解し易くなるとしている。

また、全身反応法と同様に Steinberg が成功例としてあげている、コミュニカティブ言語教授法では、語彙の拡大についても柔軟性のある学習内容をとっており、言語習得は習慣形式の過程と捉えているオーディオ・リンガル法の指導技術である反復練習なども、教師が学習にとって有効であると感じるならば導入されると指摘して、その具体的内容を次のように Steinberg は述べている。

「学習者が英語で"1 wish 1 could have gone"のようなことを言いたくても、"1 wish ‥‥‥"しか言えない場合、教師は何回か模範文

を示し、学習者にそれを何回か繰返させて、それからその句を
使いたかったもとの場面に戻ってそれを使わせる」[26]

　このような反復練習の意義は、言語の習得は習慣形成であるという
捉え方からきており、反復練習することにより学習が定着し、語彙
の拡大とともに言語習得がなされると考えられている。このように、
他の教授法の有効だと思われる部分的な指導法を導入するコミュニ
カティブ言語教授法の柔軟性には Steinberg は肯定的な見方であるが、
オーディオ・リンガル法そのものには、「反復と機械的なドリルが学
習の本質であり、学習者は知識を獲得するのではなく、行動上の反
応を獲得すると考えられた。・・・文型練習と会話の暗唱は不適であ
り、学習者が実世界の話者とコミュニケーションをできるようには
ならない」[27] として否定的な考えである。

　以上、語彙の拡大における第二言語教育の学習内容の議論を踏ま
え、入門期の学習者へは、音声を中心として語彙を知覚させること
が重要だと思われる。そのための学習内容として、実物・絵・動作
などを用いて、語彙を単なる無味乾燥的に記憶させることなく、五
感を使って体験させることが必要であると思われる。そのようにし
て学習された語彙は忘れないように絶えず記憶を新鮮にするため、
定期的な反復練習も必要となるであろう。また、語彙と伝達場面と
に関連性をもたせ、伝達内容の理解を通して、語彙の拡大が特に入
門期にはなされるべきである。さらに、Krashen のナチュラル・アプ
ローチの習得活動である、「情意性・人間性重視の活動」、「問題解
決活動」、「ゲーム」、「内容中心の活動」、「習得活動のためのグルー

ピング法」が学習内容に伴うと、より多くの伝達内容を通して語彙の拡大を高めるものと思われる。

③文法における第二言語教育の学習内容について

　理想的な第二言語の習得を行うには、脳の可塑性が十分に高い 4 〜 10 歳の間に、母語を習得するがごとく第二言語を学習する必要性を Penfield は強く主張しており、この言語習得にとって理想的な期間に、母語以外の言語を学習すると、10 歳以上であっても他言語を習得し易くなると Penfield は唱えている。そのための適した学習とは、言語を生活活動を行うためのシンボルとして学んで行く、彼が名付けた「母親の方法」という直接法である。この方法によって、神経生理学的・心理学的要求を満たし自然な言語習得が可能であると主張している。そのような他言語の学習を行った例として Penfield は、ウクライナ生まれでポーランド人であった英国の著名な作家ジョセフ・コンラッドを取りあげ、彼がどのようにして外国語である英語を習得したのかを通し、学習過程における文法の取り扱いについての Penfield の持論を述べている。

　ジョセフ・コンラッドにとって英語は第三言語であり、ポーランド語が彼の母語であった。15 歳の時に英国へ移住するまで、第二言語としてフランス語を話していたが英語は全く知らなかった。その英国へ移住する渡航中の船中で初めて英語に触れ全く翻訳なしで、生活を理解するための直接のシンボルとして英語を学んで行った。そのことが結果的に、「母親の方法」に沿った言語学習の環境になっ

たと Penfield は述べており、文法学習について次のように指摘している。

「辞書と文法だけを頼りにして、どんなに一生懸命に勉強しても、決して発見できなかったにちがいないその英語を、食物を得たり、若い船員として成功するためのシンボルとして学習したのである。彼は、立派な、短い、簡単な単語や、人びとが試練や危険に直面した時に用いるような言葉を学んだのである」[28]

このように、15歳であってもすでに10歳頃までに母語以外の言語習得がなされている場合、他言語を生活活動のシンボルとして容易に習得でき、文法も、言語を使用して行く過程で帰納的に身について行くとしている。

この Penfield が称する「母親の方法」とは、幼児が母語を習得していく環境を第二言語の学習のために再現するということであるが、このような言語習得に対する考え方は、彼が推薦するベルリッツ法が属する自然主義教授法の原理でもある。それらの教授法では、幼児は文法に頼って文を構築することはなく、言語を感覚的に操っているということにより、文法は帰納的に理解させ、初期には教えないことが共通の文法に対する扱い方である。

また、幼い時期に母語以外を習得した者は、年齢が高くなっても他言語を習得しやすいという事に関して、Penfield は、「理論的にはそうなるべきであろう。なぜなら、彼の言語のメカニズムの中には、もっと多様な音の要素と、言語単位があるからである」[29] として、幼い時期に母語以外の学習を始めるべきであるとする、彼の一貫し

た主張である。

一方、文法について Krashen は、文法の役割は自らの第二言語が適切に使用されているかどうかのモニターという限られた役割しかはたさず、言語習得には直接関与しないものであると主張しており、そのモニターはむしろ心理面での作用が強いと、次のように述べている。

「文法学習は、おそらく言語的な面よりも心理的な面で効果がある。言語習得の初期の段階で文法規則を勉強しても、教師の与えるインプットを理解する能力には直接ほとんど関係なく、恩恵があるとすれば、それは特定の学習者にとって安心感が持てるということである」[30]

彼が提唱したナチュラル・アプローチでは、理解できるインプットを学習者へ提供することが言語習得につながると考えている。過剰に文法学習が強調されると、内容の理解よりも文法項目への注意が優先してしまい、理解がおろそかになり言語習得の妨げにすらなりかねないとし、「場合によっては、文法学習のしすぎは、伝達能力の全面的発達には好ましくないのである。・・・文法は、習得過程に干渉せず、学習者に役立つと教師が確信を持つ場合にのみ、それは取り入れるべきである」[31] と主張している。

このナチュラル・アプローチでは、Penfield のように文法の学習そのものを否定するものではなく、適切なモニター機能を養成するために、ある程度の文法学習を行うことを支持する立場である。そして、そのモニター機能のための文法の指導を、次の３つのタイプに

分けている [32]。

　　1．書きことばによる文法ドリル

　　2．オーディオ・リンガル・ドリル

　　3．コミュニカティブ文法ドリル

　「書きことばによる文法ドリル」は、文法規則を一定の練習を通して学習者に繰り返し使わせるものである。具体的には、文中の動詞を指示された時制に直したり、適切な品詞を選択させたり、関係詞で二つの文を結合させたりするものであり、標準的な教科書で扱われている典型的な文法に関する練習問題である。

　「オーディオ・リンガル・ドリル」は、口頭で行われるパターン練習である。指導の手順は、先ず教師が示したパターンを学習者が繰り返す。次に、新しいパターンを教師は与え、それに対して学習者は適切に文を変形する。正しい答えを教師は返し、それを学習者が繰り返すという練習で、具体的には、文中の動詞などを主語や時制の違いに従って、適切に口頭で言い換えて全文を解答させて行く。

　「コミュニカティブ文法ドリル」は、ある状況が設けられており、その状況下において伝達指示に従って、文法的な言い換えが必要になる練習問題である。具体例として、次のような英文の問いの形式によって過去形を練習して行くものがあげられよう [33]。

　Tell your Mom that you and your friends did the following things yesterday:

　(1) go shopping　　　(2) eat at a restaurant　　　(3) finish the homework

　(4) study in the library　(5) play baseball

　しかし、このような文法の練習は、あくまでも第二言語の運用能

113

力習得にはほとんど役に立たず、自己訂正するモニターとしてしか機能しないことを Krashen は強調している。

　他方、Steinberg は、Krashen が唱えたこの文法学習のモニター仮説には否定的な立場である。Steinberg は解説された知識でも訓練を重ねる事によって反射的・自動的になり、言語の運用に役立つと捉え、文法学習が言語運用能力の育成にとって妨げになることはないと主張している。さらに、「学習者は、どんな教授法からも何かを学ぶ」[34]とし、重要なのはどのような言語能力に対しての習得を目標にするのか、学習の目的をまず明確にすることであるとしている。その目的に従って、何を学習者に優先的に学ばせるかによって適切な教授法を採用すべきであると唱えている。それら教授法の内 Steinberg は入門期の学習者に対する成功例として、全身反応法、ナチュラル・アプローチ、コミュニカティブ言語教授法をあげている。これらはすべてコミュニケーションを重視した学習であり、伝達内容の理解が優先され文法への配慮は少ない教授法である。全身反応法に関して伊藤嘉一は、「動作を基準にした教材配列のため、機能語や文法事項は教えにくい」[35]とそのデメリットを指摘している。また、ナチュラル・アプローチは前述したように、文法の過度の学習は言語習得を妨げるとの立場をとっている。そして、コミュニカティブ言語教授法では、日常場面での対話を読み・聞くことが当初は中心になり、文法の解説は行わず、教師が必要と判断すれば導入する程度で、積極的に文法学習を行うものではない。このような文法学習に対するデメリットを踏まえ Steinberg は、入門期にはコミュニケーション

を重視した教授法を用いて、話しことばと読み書きを習得目標とした学習を行い、ある程度学習者のレベルが上がった段階で、文型練習や母語への翻訳などの補強を交えた文法の説明などを取り入れる、「折衷アプローチが、進むべき最も賢明な道」[36] であると唱えている。

　以上の議論より、第二言語の学習で最も重要なのは、どのような言語能力の習得を目標とするのか、それが明確にされることであろう。その学習目標に適した教授法が用いられることによって、文法学習の優先順位は異なるものと思われる。例えば、コミュニケーション能力の育成を学習目標とした場合、文法学習の優先順位はかなり低くなるであろう。

　この学習目標に関して、「総合的な学習の時間」での第二言語学習は、異文化理解とも言語学習とも解釈され、学習目標が曖昧であるが、言語学習の観点からすると、小学校三年生という年齢を考慮した場合、入門期に適しているとされる、全身反応法、ナチュラル・アプローチ、コミュニカティブ言語教授法などが折衷的に用いられるべきであろう。これらは前述したように文法学習は当初には行われず、帰納的に文法を学んで行くことが期待される。故に、第二言語の文法の学習内容は、文法を単独で取りあげることはせず、帰納的な文法学習がより容易に行われるように、具体的で学習者にとって理解し易い伝達内容中心の学習内容であるべきだと思われる。

（注）

1）影浦　攻「小学校でできる国際理解と英語活動」『英語教育』
12 月号、2000 年、9 頁。

2）矢次和代「年齢に応じたカリキュラム・シラバスを作るために」
『英語教育』12 月号、2000 年、11 頁。

3）松川禮子「小学校英語教育の教科化の可能性」『英語教育』
12 月号、2000 年、16 頁。

4）影浦　攻、前掲書 1 ）、8 頁。

5）松川禮子、前掲書 3 ）、15 頁。

6）Penfield, W. & L. Roberts, *Speech and Brain-mechanisms*, Princeton University
Press, 1959, p.241.
上村忠雄・前田利夫訳『言語と大脳』誠信書房、1965 年、246 頁。
原書にあたり原文と照合して内容を確認した後、訳文を用いた。
以降の本書からの引用も同様である。

7）同上、p.257、訳書 263 頁。

8）伊藤嘉一『英語教授法のすべて』大修館書店、1990 年、53 頁。

9）Krashen, S. D. & T. D. Terrell, *The Natural Approach*, Prentice Hall, 1983, p.66.
藤森和子訳『ナチュラル・アプローチのすすめ』大修館書店、1986
年、80 頁。原書にあたり原文と照合して内容を確認した後、訳
文を用いた。以降の本書からの引用も同様である。

10）同上、p.71、訳書 86 頁。

11）同上、p.89、訳書 111 頁。

12）同上、p.90、訳書 112 頁。

13）山口堯『外国語教育のすすめ方』リーベル出版、1991 年、33 頁。

14）同上、33 頁。

15）Steinberg, D. D., *An Introduction to Psycholinguistics*, Longman,
1993, pp.230-231.
竹中龍範、山田純訳『心理言語学への招待』大修館書店、1995
年、256 頁。原書にあたり原文と照合して内容を確認した後、訳
文を用いた。以降の本書からの引用も同様である。

16）伊藤嘉一、前掲書 8 ）、184 頁。

17）山口堯、前掲書 13）、26 頁。

18）片山嘉雄他『英語科教育学』ミネルヴア書房、1989 年、46 頁。

19）Penfield, W. & L. Roberts,　前掲書 6 ）、p.255、訳書 262 頁。

20）Krashen, S. D. & T. D. Terrell,　前掲書 9 ）、p.156、訳書 197 頁。

21）同上、p.156、訳書 197 頁。

22）同上、p.155、訳書 195 頁。

23）同上、pp. 100-127、訳書 123-156 頁。

24）Steinberg, D. D.,　前掲書 15）、p.230、訳書 255 頁。

25）伊藤嘉一、前掲書 8 ）、139 頁。

26）Steinberg, D. D.,　前掲書 15）、p.232、訳書 257 頁。

27）同上、pp.227-228、訳書 252 頁。

28）Penfield, W. & L. Roberts,　前掲書 6 ）、p.242、訳書 247 頁。

29）同上、p.242、訳書 247 頁。

30）Krashen, S. D. & T. D. Terrell,　前掲書 9 ）、p.92、訳書 114 頁。

31）同上、p.92、訳書 114 頁。

32) 同上、pp. 144-148、訳書 180-185 頁。

33) 同上、p.146、訳書 183 頁。

34) Steinberg, D. D., 前掲書 15)、p.238、訳書 264 頁。

35) 伊藤嘉一、前掲書 8)、141 頁。

36) Steinberg, D. D., 前掲書 15)、p.240、訳書 265 頁。

第Ⅲ章　小学校英語教育への提言

　第Ⅱ章において Penfield、Krashen、Steinberg の第二言語習得理論に基づいて、「発話」、「語彙の拡大」、「文法」の観点より、「開始年齢」、「学習方法」、「学習内容」について検討した。この章では、それらの議論の要点を整理しつつ小学校での英語学習の動向や主流の考えに対比して、小学校における広義な捉え方をした英語教育に対し筆者なりの提言を試みるものである。

Ⅲ－1.「開始年齢」について

　第Ⅱ章の Penfield、Krashen、Steinberg の考え方を要約すると、「発話」と「語彙の拡大」において Penfield は、4歳から10歳の間に第二言語の教育がなされ、脳にその言語中枢が確立される必要性を主張した。反射的に母語を介さなく発話を行うためには、第二言語の中枢言語が不可欠であり、脳が十分な可塑性を備えているその時期に言語習得がなされるべきであることを唱えた。可塑性に基づいた言語習得に対する特殊な能力は加齢とともに減退していくため、大脳生理学的要求に適した年齢はこの4歳から10歳であることを強調した。

　この Penfield が主張する第二言語の学習開始年齢に対して、Steinberg は運動技能の視点から「発話」に関しては肯定的であり、発音における子どもの優位性は顕著なものであると指摘した。発音は発話器

官の運動によって可能になるが、その運動は脳の中枢機能によって制御されており 10 歳から 12 歳のあたりで脳の加齢による変化により、新たな運動技能を獲得するのが困難になると主張した。さらに「語彙の拡大」に関しても記憶力の視点より、12 歳までに開始すべきだと唱えた。

　他方、Krashen は「発話」、「語彙の拡大」共に、第二言語の習得効率は脳内の神経的要因ではなく情意的要因からなるものであると唱えた。学習者が否定的な感情を抱いて学習している状態を「情意フィルター」と名付け、思春期を境にしてそのフィルターが強まり、その結果、第二言語の習得が困難になると主張した。

　これら 3 名の第二言語習得理論を検討して、筆者は Penfield と Steinberg が主張する、「発話」と「語彙の拡大」は反射神経的な運動技能・記憶力の生理的な要因が高いものであるとする見解に肯定的な結論に至った。故に、Penfield と Steinberg の両者に共通した主張であるところの、遅くとも 10 歳までには第二言語の発話と語彙の拡大に関する教育は開始されるべきであり、可能であれば小学校 1 年生（6 歳）からでも始められるべきであると捉えている。

　では、小学校における第二言語（英語）の発話に対する開始年齢の動向や主流的な考えはどのようであろうか。当時（2000 年）の文部省による学習指導要領の解説書では次のように述べられている。

　　「外国語会話等を行う場合は、あくまで国際理解教育の一環として、中学校の外国語教育の前倒しではなく、児童が外国語に触れたり外国の生活・文化に慣れ親しむような小学校段階にふさ

わしい体験的な学習を行うようにすることが大切である」[1]

　この解説書、そして、学習指導要領の原文において「外国語会話等」という表現がなされている。これは、英語の学習が文法重視ではなく発話によるコミュニケーション重視であることを示唆したものであろう。さらに、「あくまでも国際理解の一環として」と示されているように、会話のための言語習得というよりは、会話におけるコミュニケーションの態度を育むといったねらいの方が強いと解釈できよう。故に、第一義的にはあくまでも異文化理解であり、そのための手段として外国語会話等を用いると捉えるのが妥当であり、それが「小学校段階にふさわしい体験的な学習」という考え方なのであろう。この「小学校段階にふさわしい体験的な学習」について渡邉(1999)は、コミュニケーションにおける態度の育成であることを、研究開発学校における次の教育研究成果を紹介して強調している。

　　「3年の研究を終えたほとんどの開発学校の主たる成果は、『3ヵ
　　年の外国語（英語）学習を通して、子どもの英語会話力は十分
　　身についたとはいえなくとも、度胸がつき、外国人に対して臆
　　さないようになったことであり、このことは異文化を体験する
　　上で意義深い』ということであった」[2]

渡邉は、「態度の育成」こそが「学習のねらい」であるとし、外国人を特別意識せず積極的なコミュニケーションへの態度が養われたことが十分な評価に値することであると指摘している。また、当時の文部省は他の研究開発学校の幾つかの教育現場での取り組みを紹介

しているが、それらにほぼ共通した指導方針として、「人間理解」、「文化・自然理解」、「コミュニケーション能力」の視点より、「広い視野を持った心豊かな国際人の育成」[3] と「小学校段階にふさわしい体験的な学習」を位置づけている。ここで取りあげられている「コミュニケーション能力」とは、「他とのかかわりの中で、相手の考えを理解しようとしたり、自分の考えを表現したりしようとする能力や態度の育成」[4] とあり、やはりここでも言語習得というよりは、コミュニケーションに対する態度が主な「学習のねらい」である。

　これらの研究開発学校の事例が示すように、当時の学習指導要領の「総合的な学習の時間」における英語学習とは、言語習得を目的とした授業ではないということであろう。そのことが「中学校の外国語教育の前倒しではなく」という表現に反映されているのではなかろうか。

　以上の点から「総合的な学習の時間」で扱われる「外国語会話等」というのは主に態度の育成であり、言語習得に対する教育は十分行われないとみるのが妥当であろう。このような国際理解教育の一環として行われる外国語学習に対して筆者は反対である。なぜならば、そもそも態度とは言語能力に伴って育まれるものであると考えるからである。言語能力があってこそコミュニケーションにおける自信となり、それが態度に表れるものである。また、相手との意志疎通が可能であるが故、当初の緊張がほぐれ、互いの態度も和らぐものであろう。そもそも実際のコミュニケーションにおいては、言語能

力が無ければ態度以前の問題で相手にされないのがおちである。先ずは意志疎通ができる言語能力を養うことに優先順位をおくべきであろう。故に、「総合的な学習の時間」という本来「問題を解決する資質や能力」、「主体的、創造的に取り組む態度」を育むことを「学習のねらい」においた活動を中途半端に利用した外国語学習では無く、言語習得を目的とした教科としての時間枠の中で外国語（英語）は教育されるべきものではなかろうか。特に「発話」と「語彙の拡大」に関しては、Penfield や Steinberg が主張するように、反射神経的な運動技能・記憶力の視点より、小学校 1 年生から英語教育を開始するべきであると思われる。他方、「文法」については、Krashen が機能的視点から主張するように、文の構成に対して、自己確認・自己訂正を行う高次な機能を有するものであり、学習者の一定以上の知的レベルが要求されよう。さらに、Steinberg が学習の場という視点から唱えたように、教室場面での学習は子どもより成人に有利な環境であるばかりか、成人に備わっている多様な見識が複雑な文法の解説を理解する助けとなろう。故に、文法の学習は小学校段階では控えるようにし、「発話」と「語彙の拡大」を集中的に学習すべきであると思われる。

Ⅲ－2.「学習方法」について

　「学習方法」は学習の目的に基づいて吟味されるべきものであろう。ここで検討される学習方法は、先の「開始年齢」において提言された、言語習得を学習の目的とした小学校英語教育の議論に準じたものである。

　第Ⅱ章で言及したことを要約すると、「発話」、「語彙の拡大」に関する学習方法に対して Penfield は、十分に幼い（4 〜 10 歳位）時期に第二言語を直接法で学習すべきであると唱えた。これは、神経生理学的に脳が可塑的である内に多様な音の要素と言語パターンを脳内に確立することによって、母語に頼らないアクセントを身につけるものであるとしているからであった。さらに、心理学的にも幼い子どもの方が好奇心や欲求を満たすための、手段としての言語を学習するのに抵抗感が少ないという利点があると主張した。彼が称するところの「母親の方法」の直接法による学習方法が用いられるのであれば、「文法」に関しては意識的に教えることはせず、言語活動を通して語の配列の規則を習得して行く、帰納的な学習方法がとられるべきであるとした。

　また、Krashen は理解が表出に先行するという考えに基づいて、ナチュラル・アプローチを提唱した。彼の主張では聞くことや読むことの理解が先に生じ、その次に話すことや書くことの能力が可能になるとするものであった。すなわち、聴解力と読解力が最も重要な学習課題であり、発話や書字は自然に表出すると捉えた。故に、学

習者は教えられることによって第二言語を流暢に話すことができるようになるのではなく、インプットを第二言語によって理解することにより、自然に、「語彙の拡大」、「文法」を身につけ「発話」が促されると主張した。

他方、Steinberg は、12 歳位以上で第二言語を学び始めた場合、母語を習得するように努力や苦労を意識しないで学習できるような学習方法はないと述べた。また、方法論は学習効果を保証するものではなく、どのような教授法・学習方法がとられても、それを用いる教師の力量によって学習効率は大きく左右されると指摘した。故に、教授法は学習の方向性をある程度示すものにすぎず、各教育現場の状況に合わせて、教師の判断で色々な教授法を適切に組み合わせる「折衷的な学習方法」がとられるべきであると主張した。そのような教授法に対して柔軟性を持って対応することを前提にして、「発話」の成功例として、Asher の全身反応法と Wilkins のコミュニカティブ言語教授法をとりあげて、それらの特徴を指摘した。そして、「語彙の拡大」、「文法」に関しては、12 歳以下の子どもが対象の場合、それらを解説していく学習方法よりも、絵・写真・行為などによって第二言語を使用し疑似体験させ、自己発見による帰納的学習の方がより効果的であると主張した。

以上 3 名の議論を踏まえ、「発話」に関する小学校での英語教育は、現場の教師が生徒の状況に応じて優先順位を付け、適宜有効だとみなされる教授法を用いる、折衷的な学習方法がとられるべきであると筆者は考える。その際、「語彙の拡大」、「文法」の学習に関して、

教室場面での教師からの解説的学習方法を、いかにして帰納的学習方法、または自然場面へ転換できるかが重要な課題であり、教師の配慮が不可欠となろう。

では、小学校における外国語会話等に対する学習方法の動向および主流の考えはどのようであろうか。それを見極めるためには、先ずは学習の目的を明らかにする必要があろう。なぜならば、学習方法とは学習の目的を達成するために選択されるもので、学習の目的を確認することは学習方法を確認することに他ならず、それらは同時に議論されるべきものであると思われるからである。それらの動向および主流の考え方を形作るのに多大な影響を与えているとみなされる当時の小学校学習指導要領の解説書によると、外国語会話等を行なうことができる「総合的な学習の時間」の学習目的は、次のように述べられている。

「総合的な学習の時間では、この時間で取り上げられる個々の課題について何らかの知識を身に付けることが目的ではなく、また、課題を具体的に解決することそのものに主たる目的があるのではない。あくまでもこの時間における横断的・総合的な学習や児童の興味・関心等に基づく学習などの過程を通じて、自ら課題を見付け、自ら学び考え、問題を解決する力などの『生きる力』を育てること、また、情報の集め方、調べ方、まとめ方、報告や発表・討論の仕方などの学び方やものの考え方を身に付け問題解決に向けての主体的、創造的な態度を育成すること、自分の考えや意見をもったり、自分のよさに気付き、自分

に自信をもったりするなどして自己の生き方について考えることができるようにすることをねらいとしている」5)

　このように「総合的な学習の時間」では、知識の押しつけではなく、生徒の興味・関心に基づく横断的・総合的な課題によって社会との関わりを実感することが学習の目的とされている。故に、英語会話等の活動においても知識の押しつけにならぬよう、学習方法の動向および主流は「体験的」と「楽しさ中心」ということが最も重要な要因であると理解されているようである。この動向および主流について、アダチ、高梨、卯城(1999)は小学校における英語学習の指導案への考察を通して、次のように指摘している。

　「小学校の指導案を見ていると、『楽しく』や『遊ぶ』などという言葉が目につく。『覚えなくていい』というような言い方をする教師さえいる。『覚えさせようとするから、詰め込み主義になる。小学校の間は、英語って楽しい、という実感を子どもにもたせることの方が大切』というのである。・・・時には楽しさをさしおいても生徒に覚えさせなくてはならない中学校・高等学校の教師にとっては、うらやましい話かもしれない」6)

この指摘のように小学校の英語学習は「英語に慣れ親しむ」ことが目的であり、久埜(1999)もまた、「英語を“教えない”ことが授業の原則となっている」7)と述べている。言語習得に最も適していると思われるこの時期に、このような学習の目的に基づき、単に「楽しさ」を中心とした学習方法がとられてよいのであろうか。

　筆者は、その場限りの上辺だけの「楽しさ」は、技能を習得する

ためには避けることのできない「苦しさ」を先送りにして、言語習得に適した時期を逸してしまっているとしか思えない。小学校 1 年生よりコミュニケーション能力を育成するための英語習得がなされるべきであると思われる。そのために、「Asher の全身反応法」、「外国人留学生（大学生）などのネイティブスピーカーとの交流」、「音読と暗唱」を次のように提言するものである。

1． Asher の全身反応法

「発話」に関する学習では、教室という学習環境はすでに発話にとってナチュラルな環境ではないことを認識し、子供が環境から言語を習得していくような直接法は相応しくないと思われる。従って、ネイティブスピーカーに授業時間内だけ接しているのでは、言語の習得は期待できないであろう。授業という限られた時間内に効率よく学習させる方法が不可欠である。その方法はむしろナチュラルとはかけ離れて、有る特定の技能を集中的に訓練する必要があると思われる。その観点から、Asher の全身反応法のようにある特定の行動と言語を直結させ、五感にうったえた学習方法が小学校の年齢には適しているのではなかろうか。また、理解が発話に先行するという考えから音声を中心とした方法をとり、限られた時間内に効率よく教えるために、ある程度の解説も入門期から有効であると思われる。

2．外国人留学生（大学生）などのネイティブスピーカーとの交流

「語彙の拡大」や「文法」に関する学習方法は、筆者なりの捉え方をすれば、いかにして特定の記号配列や文の規則性が記憶に長く

残る方法で学習者に教えられるのかということではなかろうか。小学生へ語彙や文法などを解説しても、そこに積極的な学びの態度、もしくは興味がなければ記憶に長くとどまらないであろう。教室場面での教師からの解説的学習をいかにして帰納的・自然的学習場面へ転換できるかが鍵になると思われる。

独立行政法人日本学生支援機構の 2015 年度における「外国人留学生在籍状況調査」によると、約 20 万人の外国人学生が日本で学んでいる。その内、英語がネイティブあるいは準ネイティブの学生、もしくは、社会人（外国人）ボランティアやアメリカンスクールとの交流などを通して、実際の言語活動によって自己発見の機会を与え、帰納的・自然的学習場面の提供が可能ではないかと筆者は考える。

3．音読と暗唱

大脳生理学的観点より、記憶が長くとどまっているかどうかは、記憶される時の印象に比例しており、印象が強く脳内にインプットされたものは、記憶が呼び起こされやすいのである。故に、記憶する時の印象を強くする学習方法をとればよいということになろうが、ではそもそも語彙や文法の記憶にとって、印象が強いということはどのようなことなのであろうか。それは言語を司る左脳だけで記憶せず、イメージや五感を司る右脳をも使用して記憶することだとされている。大島（2001）も言語習得に有効な方法として、右脳の使用を提唱しており、「英語などの言語はイメージ化して、右脳を通して記憶すると、日本語をいちいち英語に置き換える作業が不要になり、英語力をアップさせる近道となる」[8] と述べている。そして、音読

が有効な方法であると、次のように主張している。

「『音読』とは、英語の文章を実際に声を出して読み、なるべくネイティブの発音に近づけながら訓練していく方法のことだ。これは、脳の仕組みからみても、とても理にかなった学習方法といえる。脳の中に耳から入る雑多な音声の中から言語を選び取って意味を確定したり、自分の考えたことを言葉として発するなど、言語中枢に関わるさまざまな機能を効率的に鍛えていくことができるのだ」[9]

さらに、瀬川(1996)は、多数の小学校での名作の音読の実践を考察し「名作を読みながら過去の体験と結びつけ、回想力・連想力・想像力をフルにはたらかせて、自分なりのイメージを創り出していくことは、確かな思考力や豊かな想像力を育てるうえで極めて重要なことである」[10](傍点 - 引用者)と指摘している。

このように「語彙の拡大」や「文法」の学習にとってイメージや五感を使う右脳への配慮をした学習方法である音読に加え、その右脳と音読の両方の条件を満たすものとして暗唱の有効性も唱えられている。文章などを読んだ場合、左脳のみが働くことになるが、文章を暗唱した場合、言葉を司る左脳と、脳内でイメージ化された文章を呼び起こすため右脳も働き、さらに反復練習も相まって語彙や文法の印象が強くなり、益々記憶が定着していくものとされている。暗唱というと一見単純作業のようだが実は脳の仕組みにかなった学習方法であることが指摘されている。また、東京都中野区立鷺宮小学校の報告(1992)によると、暗唱などの言語行動を通して、「表現活

動だけに限らず、理解活動についても、与えられた表現・叙述を直観的・感覚的に解釈・評価する能力が養える」[11]と、複数の教師がその有効性を主張している。

　これらのように、学習方法は言語習得に有効だと思われるものを、現場の教師の判断で適宜用いるという柔軟性が必要であろう。

Ⅲ-3.「学習内容」について

　学習内容は学習方法と統合的に検討されるべきものであろう。こ
こで提言される学習内容は、先述した学習方法の提言に基づいてな
されるものである。「発話」、「語彙の拡大」、「文法」の観点より、
第二章での議論の要点をまとめ、それを踏まえて、筆者なりの提言
を試みたいと思う。

　「発話」に関して Penfield は、家庭で子どもが母語を習得していく
がごとき学習内容であるべきだと主張した。それは言語の習得自体
が目的ではなく、何かをなし得るための手段として学ばれるべきで
あり、話し言葉に習熟するまでは文字を使用せず、日常生活に密着
した内容の絵や写真などを利用して学習されるべきであると強調し
た。

　一方、Krashen は「発話」とは、「場面」、「機能」、「話題」に基づ
いて状況設定された個人的コミュニケーションの基本的技能の習得
であると唱えた。一番重要なことは学習内容が学習者にとって「理
解できるインプット」であることで、多くのインプット、言い換え
ればより多くの良い見本を学習者へ提供すれば、発話の能力は養わ
れると主張した。

　他方、Steinberg は折衷的な教授法がとられるべきであると主張し、
Asher の全身反応法と Wilkins のコミュニカティブ言語教授法が発話の
学習に適していると指摘した。全身反応法では「聞き取り」の技能
が「話すこと」への転移力をもつと捉えており、「命令文」を学習内

容として用いている。そして、学習者はその行動を実際にとること
が要求され、言葉によって生じた動作による経験で言葉の内容を体
得していく。さらに、他人が命令文に反応するのを見ることによっ
て、言葉の意味を理解する助けとなると考えており、この方法は特
に入門期に適していると Steinberg は指摘した。また、コミュニカテ
ィブ言語教授法では、コミュニケーション能力を育成するには、言
語の形式よりも伝達内容を中心に教えられるべきだとしている。言
語と場面を重視し、言語表現を頻度・期間・量・場所などを表す「概
念」と、依頼・否定・不平・弁解といった表現である「機能」に分
けて教材を作成し、より言語が使用される「場面」と「意味」を結
びつけ、学習者が伝達内容を理解し易くなるような学習内容を目指
すものである。Steinberg は、役に立つと教師が判断すれば多様な教授
法の要素を取り入れるべきだとし、全身反応法のような母語の使用
を排し純粋な話しことばを中心とした教授法だけではなく、反復練
習・母語の補助・構文などの説明をも支持した。

　そして、「語彙の拡大」に関して Penfield は音声を重視し、実物・
絵・動作によって意味を理解させ、十分に話し言葉に習熟してから
文字を導入することを主張した。学習者へは第二言語に対する違和
感を取り除き、興味をもたせることが大切であり、学習意欲を無理
矢理かき立て、無味乾燥的に単語を覚えさせたりすることは、何ら
効果が得られないことであるとし、第二言語を用いてゲームなど楽
しく抵抗感の少ない学習内容を行うべきであると主張した。さらに、
言語を、目的を達成するための手段、意志疎通の媒介物、生活する

ための一方法としながら語彙の拡大を達成できるのは、脳生理学的要求に合った 4 歳から 10 歳の間に第二言語の学習を開始した場合であることを強調した。

　一方、Krashen は「語彙の拡大」は、理解できるインプットを学習者が受け入れるためには不可欠かつ重要なものであるとして、習得活動には絶えず語彙の拡大への配慮を行うべきであると主張した。しかし、語彙だけを単体で取り出して機械的反復練習などをしても、長期に亘り保存可能な語彙の習得はなされないとし、伝達場面を考慮に入れて語彙が効果的に提示される必要性を唱えた。具体的に、「情意性・人間性重視の活動」、「問題解決活動」、「ゲーム」、「内容中心の活動」、「習得活動のためのグルーピング法」などの学習内容を提案して、学習者が伝達内容を理解し易くする配慮がなされることを強調した。

　他方、Steinberg は、全身反応法における命令文で、「位置」、「同時性」、「手がかり」、「連続性」などにより、文の意味をより理解し易くなることを指摘した。また、言語の習得は習慣形成であると捉えており、オーディオ・リンガル法の指導技術である反復練習に肯定的で、反復練習することによって学習が定着し語彙の拡大が行われることを主張した。

　さらに、「文法」に関して Penfield は、言語を使用していく過程で帰納的に身について行くとし、言語を感覚的に操り、自然に文の規則性を習得させることの方が大切であるという考えより、初期には文法は教えないことを唱えた。

一方、Krashen は、「文法」の役割は自らの第二言語が適切に使用されているかどうかのモニターという限られた役割しかはたさず、言語習得には直接関与しないものであると主張した。むしろ、過剰に文法学習が強調されると内容の理解よりも文法項目への注意が優先してしまい、理解がおろそかになり言語習得の妨げにすらなりかねないと唱えた。

　他方、Steinberg は、解説された知識でも訓練を重ねることによって反射的・自動的になり言語の運用に役立つと捉えた。重要なのはどのような言語能力に対しての習得を目標にするのかということで、学習の目的をまず明確にすることであると指摘した。入門期にはコミュニケーションを重視した教授法を用いて、話しことばと読み書きを習得目標とした学習を行い、ある程度学習者のレベルが上がった段階で、文型練習や母語への翻訳などを交えて文法の説明などを取り入れる、折衷的アプローチを唱えた。

　以上 3 名の第二言語習得理論に基づく議論より、小学校での英語教育は入門期にあたるので、「発話」と「語彙の拡大」を中心とした具体的で学習者にとって理解し易い伝達内容中心の学習内容にすべきであり、「文法」は単独で取りあげることはせず帰納的に習得されるようにすべきであると思われる。そのために、多様な教授法を教師の判断で採用する折衷的アプローチがとられるべきであろう。また、反復練習を伴う音声を中心とし、実物や絵などを用いて抽象的な伝達内容は避け、学習者の生活と密着した具体的で興味を高める教材内容とすべきであろう。さらに、伝達内容の理解を学習内容の

中心とし、英語を「聞くこと」と「体感すること」に重点を置くべきであろう。特に初期の学習者には、動作が伴う命令文の学習内容が適していると思われる。

他方、小学校における英語の学習内容の動向および主流はどのようなものであったのであろうか。先述した「学習方法」同様、当時の小学校学習指導要領の解説書をみて行きたいと思うが、そこには次のように具体的な学習内容が提示されている。

「具体的な学習活動としては、小学校段階にふさわしい歌、ゲーム、簡単な挨拶やスキット、ごっこ遊びなど音声を使った体験的な活動・・・」[12]

このように、歌、ゲーム、ロールプレーイングなどを含むスキット、ごっこ遊びなどが学習内容の動向および主流を形作っているものとして捉えることができよう。

また、斉藤(1996)は、1995 年に全国 47 都道府県の公立小学校及び私立小学校へ「小学校における英語学習の実態及び英語学習に対する意識に関する調査」を実施した。その結果、公立 394 校、私立 106 校の回答を得た。それによると、児童にあった望ましい指導として、「ゲーム・歌・遊びなどを中心として（公立 94.0%、私立 86.5%）」[13]という結果であったと報告している。

さらに影浦（2000）も、子どもの遊び感覚を大事にすることが大切であるとし、次のような具体的な学習内容の例を示している [14]。

・歌詞が易しく、繰り返しが多く、体を動かしながら歌える「歌」

・発音やリズムに親しむための「チャンツ」

・子どもが日常に親しんでいる「ゲーム」

・易しい身近なことをトピックにした「クイズ」

・買い物や道案内等の「ごっこ遊び」・・・等々

これらのように「歌」、「ゲーム」、「ごっこ遊び」など楽しさが中心になるものが学習内容の動向・主流であるといえよう。

しかし、Gunterman（1980)は、コミュニケーション能力を育成する学習内容で最も重要なことは、楽しさよりも学習者にとっての真実性であるとして、教室内でのコミュニケーション活動を次のようにランク付けしている[15]。

1．クラス内での意見交換

2．クラス外で自分の生活や体験について語ること

3．互いの興味のあることについて語ること

4．クラス外で外国語を使用したインタビューなどの宿題

5．ネイティブスピーカーなどのゲストによるコミュニケーション

6．シミュレーション

7．役割練習

8．ゲーム

これによると役割練習やゲームのランク付けは意外にも低くなっている。これは学習者にとってこれらの活動は、真実性の薄い単なるコミュニケーションごっこにしかすぎないという位置づけである。コミュニケーション重視の授業で重要なのは、単に現実離れした仮想の情報に基づく授業ではなく、より学習者に真実性を持たせ得る

授業内容ということであろう。その真実性が英語でのコミュニケーションをより身近な存在にし、「自分を表現する一つの手段」としての位置づけを確立して行くものではなかろうか。

　学習内容の動向および主流が楽しさを中心としたものである原因の一つとして、「総合的な学習の時間」というコミュニケーション技能の習得を学習の目的としていない時間内での英語学習ということがあるのではなかろうか。「社会の要請」ならびに「開始年齢」での議論を鑑みるに、小学校 1 年生から「コミュニケーション技能の育成」を学習の目的に置いた英語教育がなされるべきであると筆者は考える。上辺だけの楽しさを中心にするのではなく、自己表現の手段としての多様なアプローチに基づく学習内容を学習者へ教授することが望まれよう。そして、安彦 (1999) が指摘するように、「唯一絶対の指導原理・考え方はない」[16] との観点より、多様な教授法が教育現場で試され精選されて行く必要があると思われる。

Ⅲ－4．その他の課題について

　本研究を通して筆者は、小学校において言語習得を目的とした英語教育が行われるべきであると主張するものである。しかし、小学校からの英語教育に懸念を示し、早期化に対して反対の立場をとる実践家・研究者も存在することは否定できない。第二言語習得理論の視点に基づく、それぞれの反対論者についての論点は第Ⅱ章で検討したが、ここでは、反対論者の多くに共通している一般的な懸念を、総括的なまとめとして議論して行くことにする。

　後藤(1997)によると、その小学校英語教育に対する懸念は、1996年の第 15 期中央教育審議会による第 1 次答申である、次の文言に顕著に表れていると指摘している。それは、小学校段階での外国語教育のメリットを認めつつも、外国語を教科として実施することへの懸念を表したもので、それらはまさに小学校英語教育への反対論者が共通に唱えているものだとしている。

　　「小学校段階から外国語教育を教科として一律に実施することについては、外国語の発音を身につける点において、また、中学校以後の外国語教育の効果を高める点などにおいて、メリットがあるものの、小学校の児童の学習負担の増大の問題、小学校での教育内容の厳選・授業時間数の縮減を実施していくこととの関連の問題、小学校段階では国語の能力の育成が重要であり、外国語教育については中学校以降の改善で対応することが大切と考えた」[17]

この第 1 次答申の中でふれられているのは、次の 3 つの問題点で
あろう。

　　1．小学校の児童の学習負担の増大の問題

　　2．小学校での教育内容の厳選・授業時間数の縮減を実施して
　　　いくこととの関連の問題

　　3．小学校段階では国語の能力の育成が重要であり、外国語教
　　　育については中学校以降の改善で対応することが大切(国語
　　　と外国語との関連性の問題)

この 3 つの内最後の問題点の中で言われていることとして、「国語の
能力が重要」とあるが、これは母語である日本語を十分に習得してい
ないのに、外国語を学習すると悪影響があるのではという懸念の表
れであろう。この母語と外国語の関係について、中島(1998)は、「二
言語バランス説」と「二言語共有説」の考察から、「二言語共有説」
を支持し、互いの言語は両立するものであると主張している。「二言
語バランス説」とは、第一言語と第二言語がそれぞれ独立した脳で
の領域を持っている。脳全体の許容量は一定なので、おのずとどち
らかの言語領域が大きくなれば、全体のバランスをとるためにもう
一方の言語領域は小さくなる。故に、この説では、二つの言語を同
時に習得することは困難で、一方の言語が強くなることは他方の言
語が弱くなることを示すとされている。これに反して「二言語共有
説」は Cummins, J.によって唱えられ、二言語は対立する関係にある
のではなく、互いにつながった言語領域を共有し、相互に依存して
いるのだと主張した。彼は、「会話面」と「認知・学力面」に言葉の

力を分け、互いに共有しあうのは「認知・学力面」だと指摘した。中島は、この Cummins の「二言語共有説」は色々なバイリンガル研究で実証されており、ある意味で常識的な自明の理であるとして、次のように述べている。

　「1つのことばで読めるようになるということは、そのことばについて学ぶと同時に、ことばそのものについて学ぶので、次のことばの読み書きを学ぶときには、その経験が役に立つ。・・・数学がよくできる子供は、英語で数学の授業を受けた場合、もちろん日本語と英語では約束ごとが違う場合があるから、英語特有のルールを学ばなければならないが、いったんその難関を突破すると、日本語で蓄えた数学の力は、英語でも十分発揮できるのである。このようにいったん蓄積された学力はどちらのことばでも活用できるのである」[18]

故に、日本の小学校に英語教育を取り入れた場合、言葉に対して混乱を生じさせ、国語の力が弱くなるのではと懸念する人もいるが、Cummins の説によると、外国語と母語は相対する関係ではないので、英語の学習そのものが、国語力を弱めることにつながることはないということになろう。しかし、彼はあくまでも第二言語に対して「接触する機会が十分」で、「学習する動機づけが十分」なときに、二言語の力は互いに影響し共有しあうことを強調している[19]。

　この母語と第二言語に関する研究は、カナダでのバイリンガル教育がよく知られており、多くの研究報告がなされている。その理由の一つとして、カナダは英語とフランス語の二カ国語を公用語と定め、

141

国策的にバイリンガル社会を推進している背景があろう。カナダでのバイリンガル教育は Immersion Programme と称され、Penfield の第二言語習得理論の影響を強く受けており、早期、中期、後期、さらに Total Immersion、Partial Immersion など様々な形態で行われている。Swain（1987）は、聴解面と認知・読解面から、早期 Immersion と後期 Immersion の習得度の比較研究を行った。早期 Immersion では、フランス語を幼稚園から小学校 1 年生までの間に 100 ％、2 年生から 5 年生までの間に 80 ％、6 年生から中学 2 年生までの間に 50 ％使用し、4000 時間以上フランス語に接触してきた中学 2 年生が調査対象であった。後期 Immersion では、小学校 1 年生から毎日 30 分のコア・フレンチを行い、中学 2 年生では 70 ％、中学 3 年生から高校 1 年生の間で 40 ％のフランス語を使用し、約 1400 時間フランス語に接触してきた高校 1 年生が調査対象であった。その調査結果によると、二言語で学習した場合の方が、創造性・思考の柔軟性および多面性に優れていた。早期 Immersion の方が聴解力では習得度が高いが、読解力に関しては、接触時間が短い後期 Immersion の方が高い結果であった [20]。この報告は、発話およびそれに関連した語彙の拡大は、早期から行った方が学習効率が高いというものを裏づけるものである。

　さらに Stern（1977）は、小学校レベルでの外国語教育は欧米でも取り組まれてきたが、カナダの Immersion 方式におけるバイリンガル教育が初めて会話力・読解力・記述力において、高度な外国語習得に成功したと述べている [21]。また、その成功要因として中島は、「ことばの使い分け」、「第二言語への接触量の多さ」、「一貫して続けられ

るような教育体制の充実」を特に強調している。ことばの使い分けに関しては、使用する言語によって教師と教室を分けており、このことによって子どもたちは、この教師に対してはこの言語、この教室の中ではこの言語という反射的切り替えの習慣が身に付くとしている。また、第二言語への接触量の多さでは、早期 Total Immersionの場合、約 6000 時間以上、後期 Immersion でも約 2000 時間以上、第二言語に接している時間数があり、通常の外国語教育と比べて言語習得に費やされる時間数が圧倒的に多いことを述べている。そして、小学校・中学校・高等学校（場合によっては大学も）を通して、継続性・連続性がもてる Immersion 方式の学習機会が得られる教育体制が存在することを指摘している[22]。

　このような、カナダの Immersion Programme の実践が示すように、適切な学習環境が与えられれば、小学校の段階から外国語を学習することが母語に対して否定的に働くことはないといえるのではなかろうか。現に、世界のいたるところで多言語社会が存在し、そこで生活している人達は、無理なく多言語を使い分けるようになっているではあるまいか。しかし、日本では、小学校からの英語教育が話題になると必ずといって良いほど、国語力に対する懸念が取りざたされる。この懸念について白畑(1997)は、言語習得的考察による確固たる根拠から生じたものではないと、次のように述べている。

　　「この心配は杞憂である。要するに、児童は、外国語の授業以外
　　はすべて日本語の世界に浸っているので問題ないということで
　　ある。・・・そもそも、筆者には、反対者の言う『日本語能力が

だめになる』という意味が理解できない。日本語能力の何がだ
めになるというのか。言語の中心部分である文法の習得は就学
前にすでに終了している。日本語は、その後も日常生活で使用
し続けるために停滞することはあり得ない」[23]

　白畑が指摘するように、国語力に悪影響を及ぼすという理由から
小学校の外国語導入に対して反対の立場を主張している論者は、言
語習得理論に基づく確固たる根拠を提示すべきであろう。その根拠
が示されない限り、新たなものを導入することへの漠然とした不安
にすぎないと取られても仕方ないのではなかろうか。

　他方、第1次答申で述べられている最初の2つの問題点である、「小
学校の児童の学習負担の増大の問題」、「小学校での教育内容の厳選
・授業時間数の縮減を実施していくこととの関連の問題」に関して、
具体的な問題点として、「他教科とのバランスからみた妥当な授業時
間数」、「クラスサイズ」、「教師の授業への対応力」、「中学校との連
携」など、第二言語習得理論以外に検討されるべき課題は山積して
いよう。しかし、本研究は、第二言語習得理論の視点から小学校英
語教育を検討するのが目的であるため、これらについての議論は今
後の課題としたい。

（注）

1 ） 文部省『小学校学習指導要領解説』2000 年 1 月、53 頁。

2 ） 渡邉寛治「外国語会話等の授業で、子どもの何を育むのか」
　　　『英語教育』6 月号、1999 年、28 頁。

3 ） 文部省『国際理解教育指導事例集・小学校編』
　　　2000 年 10 月、14 頁。

4 ） 同上、14 頁。

5 ） 文部省、前掲書 1 ）、46 頁。

6 ） アダチ徹子、高梨庸雄、卯城祐司「小学校の英語教育・英語教
　　　育の原点」『英語教育』6 月号、1999 年、40 頁。

7 ） 久埜百合「早期英語教育の Dos & Don'ts」『英語教育』10 月号、
　　　1999 年、17 頁。

8 ） 大島清『脳のしくみが解れば、英語は自然にできるようになる』
　　　KK ベストセラーズ、2001 年、146 頁。

9 ） 同上、33 頁。

10） 瀬川栄志編『「音読・朗読・群読・暗唱」で意欲を高める』
　　　明治図書、1996 年、25 頁。

11） 東京都中野区立鷺宮小学校『言語感覚を育てる音読・朗読・暗
　　　唱』1992 年、17 頁。

12） 文部省、前掲書 1 ）、53-54 頁。

13） 斉藤英行「小学校英語教育についての意識調査から」『英語教育』
　　　10 月号、1996 年、28 頁。

14）影浦攻「小学校でできる国際理解と英語活動」『英語青年』
12月号、2000年、9頁。

15）Gunterman, G., *Factor's in Targeting Proficiency Levels and an Approach to Real and Realistic Practice*, SSLA, 1980, pp.34-41.

16）安彦忠彦編『新版カリキュラム研究入門』勁草書房、
1999年、197頁。

17）樋口忠彦ほか編『小学校からの外国語教育』研究社出版、
1997年、8頁。

18）中島和子『バイリンガル教育の方法』アルク、1998年、38頁。

19）同上、40頁。

20）Swain, M., *In French Immersion Selected Reading in Theory and Practice*, Canadian Modern Language Reveiw, 1987, pp.487-497.

21）Stern H. H., *Foreign Language for Younger Children*, Language Teaching and Linguistics. 1977, pp. 5-25.

22）中島和子、前掲書18）、102-104頁。

23）樋口忠彦ほか編、前掲書17）、107頁。

あとがき

　2002年度の「総合的な学習の時間」において、公立小学校でも外国語学習の導入が可能になった。しかし、中島(1998)によると、小学校で外国語教育がなされていないのは世界的にはむしろ少数派であるとし、「世界の国々（39カ国）の57％は9歳までの間に、33％は10～12歳の間に小学校で母語以外の教育を始めている」[1] と、語学教育研究所の調査報告にふれ、その必要性を強調している。

　本研究は、今後ますます小学校での英語学習が注目される中、小学校段階では、第二言語習得理論の視点から、どのような学習が行われるべきであるかを明らかにしようと試みたものである。Penfield、Krashen、Steinberg が主張する第二言語習得理論の観点より、「開始年齢」、「学習方法」、「学習内容」に基づき、「発話」、「語彙の拡大」、「文法」に対する、小学校におけるコミュニケーション能力育成のための英語教育のあり方を議論・検討し提言を試みた。さらに、日本における英語教育に対する社会的な要請を踏まえるため、「英語の言語としての国際的地位」、「英語教育の変遷の要約」、「我が国の代表的な英語教育論争」などの検討を通し、英語という言語の社会的要因を捉え、小学校英語教育に期待されている要点を把握した。

　今後の研究課題として多くのものが残されているが、本研究が3名の研究者の研究成果に限定し、それらのレビューに重点を置いたものであるため、より実証的な検証が今後の課題の一つとしてあげられる。さらに、コミュニケーション能力育成のための英語教育を

小学校へ導入する場合、「十分な授業時間の確保」、「教師の授業への対応力」、「教育の連続性・継続性」など、未だ十分に検討されるべき課題が多く残されている。

「十分な授業時間の確保」は英語習得のためには不可欠で、習得成果は接触量（学習時間）に比例している。英語によるコミュニケーション能力を育成するためには、たとえ「総合的な学習の時間」をすべて英語学習に使用したとしても学習時間量が少なすぎる。授業時間を確保するためには教育環境の抜本的な見直しが必要であろう。中島(1998)によると、早期 Total Immersion の場合、「全体でだいたい 5000 時間の接触量を与えるようにプログラムを組むのが常識となっている」[2] と指摘している。二カ国語を自由に操る能力を育成するには、5000 時間は必要なのではなかろうか。

また、新たな目的に基づいた教育を導入する場合、それを生徒に対して実践できる教師の能力および資質、いわゆる「教師の授業への対応力」が必要であることはいうまでもない。言語習得を目的とした英語教育の観点からすると、教師に望まれる能力・資質として、少なくとも次のものがあげられると思われる。

1．外国語に対する専門知識やコミュニケーション能力（運用能力）‥‥‥小学校の段階では、音声中心の授業が望まれる。教師が自ら外国語で語りかけることが可能とする運用能力が必要であろう。

2．多様な教授法に関する知識。それらを教育現場へ導入するための柔軟性・創造性‥‥‥多様な教授法から適切だと思わ

れるものを選択し、実践して行く能力が望まれよう。

3. 児童に関する言語発達や心理面の知識および見識‥‥‥学習
　　者の言語発達段階を考慮し、学習に対する情意的な反応を
　　読みとることが出来るような言語面・心理面の知識・見識
　　が必要であろう。

このような教師の能力および資質を向上させるための教員研修に関
する検討が不可欠である。そして、学校教育の中で英語運用能力を
育成するには、長期的なカリキュラム計画が不可欠であり、「教育の
連続性・継続性」を検討し、各段階で適切な英語教育が施される必
要があろう。それらに対して残された課題として、今後も取り組ん
で行きたいと思う。

（注）

1）中島和子『バイリンガル教育の方法』アルク、1998 年、211 頁。

2）同上、94 頁。

参考文献リスト

東照二『バイリンガリズム』講談社現代新書、2000 年。

アダチ徹子、高梨庸雄、卯城祐司「小学校の英語教育・英語教育の
　原点」『英語教育』6 月号、1999 年。

安彦忠彦編『新版カリキュラム研究入門』勁草書房、1999 年。

石黒昭博他『現代英語学要説』南雲堂、1993 年。

伊藤嘉一『英語教授法のすべて』大修館書店、1990 年。

伊藤克敏他訳『児童外国語教育ハンドブック』大修館書店、1999 年。

伊藤健三、和田正吾、池田重三共訳『言語教育分析』
　大修館書店、1976 年。

井上史雄『日本語は生き残れるか』PHP 新書、2001 年。

岩崎春雄他訳『英語物語』文藝春秋、1989 年。

植村研一「外国語学習は何歳まで可能か」『英語教育』
　6 月号、1998 年。

上村忠雄・前田利夫訳『言語と大脳』誠信書房、1965 年。

大石文朗「早期英語教育に関する一考察」『愛知江南短期大学紀要』
　第 30 号、2001 年。

大石文朗「現代国際社会の形成に関する一考察」『愛知江南短期大学
　紀要』第 28 号、1999 年。

大石文朗「大学の英語教育における E.S.P.（English for Specific/Special
　Purpose）に関する考察」『江南女子短期大学紀要』第 27 号、1998 年。

大島清『脳のしくみが解れば、英語は自然にできるようになる』

　KK ベストセラーズ、2001 年。

岡秀夫他訳『バイリンガル教育と第二言語習得』

　大修館書店、1996 年。

苧阪直行『心と脳の科学』岩波ジュニア新書、2000 年。

垣田直巳監修・その他編『早期英語教育』大修館書店、1997 年。

影浦　攻「小学校でできる国際理解と英語活動」『英語教育』

　12 月号、2000 年。

片山嘉雄他『英語科教育学』ミネルヴァ書房、1989 年。

河合忠仁「『国際理解』と『英語学習』の思想」『英語教育』

　10 月号、1999 年。

久埜百合「早期英語教育の Dos&Don'ts」『英語教育』10 月号、1999 年。

久埜百合「英語の“音”に親しむために」『児童英語教育の常識』

　日本児童英語教育学会編、1995 年。

五島忠久「児童英語教育がめざすもの」『児童英語教育の常識』

　日本児童英語教育学会編、1995 年。

斉藤孝編『国際関係論入門』有斐閣双書、1991 年。

斉藤英行「小学校英語教育についての意識調査から」『英語教育』

　10 月号、1996 年。

坂本義和『地球時代の国際政治』岩波書店、1992 年。

佐藤宏子「失うものを考える」『英語青年』9 月号、2000 年。

澤口俊之『幼児教育と脳』文藝春秋、2000 年。

151

白畑知彦、樋口忠彦他編『小学校からの外国語教育』

　研究社出版、1997 年。

鈴木孝夫『日本人はなぜ英語ができないか』岩波新書、2001 年。

鈴木孝夫『英語はいらない!?』PHP 新書、2001 年。

瀬川栄志編『「音読・朗読・群読・暗唱」で意欲を高める』

　明治図書、1996 年。

高橋恵子、波多野誼余夫『生涯発達の心理学』岩波新書、2000 年。

竹中龍範、山田純訳『心理言語学への招待』大修館書店、1995 年。

田崎清忠「日本人にとっての『英語力』を見極めよ」『英語教育』

　5 月号、2000 年。

田中克彦「英語を公用語にするためには」『英語教育』

　9 月号、2000 年。

津田幸男『英語支配の構造』第三書館、1991 年。

東京都中野区立鷺宮小学校『言語感覚を育てる音読・朗読・暗唱』

　1992 年。

時実利彦『脳の話』岩波新書、1962 [1] 年、2000 [62] 年。

中尾俊夫『英語の歴史』講談社現代新書、1998 年。

中島和子『バイリンガル教育の方法』アルク、1998 年。

樋口忠彦「早期英語教育のすすめ」『英語教育』10 月号、1999 年。

樋口忠彦ほか編『小学校からの外国語教育』研究社出版、1997 年。

平泉渉、渡部昇一『英語教育大論争』文藝春秋、1995 年。

藤森和子訳『ナチュラル・アプローチのすすめ』

　大修館書店、1986 年。

舟橋洋一『あえて英語公用語論』文藝春秋、2000 年。

本名信行「アジアの英語事情」『英語教育』4 月号、2000 年。

松香洋子「ナチュラル・アプローチの試み」『児童英語教育の常識』
日本児童英語教育学会編、1995 年。

松川禮子「小学校英語教育の教科化の可能性」『英語教育』
12 月号、2000 年。

箕浦康子『文化のなかの子ども』東京大学出版会、2000 年。

宮原文夫、山本廣基「英語学力の国際比較」『英語教育』
9 月号、1999 年。

文部省『国際理解教育指導事例集・小学校編』2000 年 10 月。

文部省『小学校学習指導要領解説』2000 年 1 月。

文部省『小学校学習指導要領』1998 年 12 月。

矢次和代「年齢に応じたカリキュラム・シラバスを作るために」
『英語教育』12 月号、2000 年。

矢次和代「外国語学習者としての小学生」『英語教育』
6 月号、1998 年。

山口堯『外国語教育のすすめ方』リーベル出版、1991 年。

山口誠『英語講座の誕生』講談社、2001 年。

山元大輔『脳と記憶の謎』講談社現代新書、1997 年。

養老孟司『唯脳論』ちくま学芸文庫、2000 年。

渡邉寛治「外国語会話等の授業で、子どもの何を育むのか」
『英語教育』6 月号、1999 年。

Baker, C., *Foundations of Bilingual Education and Bilingualism*, Clevedon:

Multilingual Matters, 1993.

Curtain, H. & C. B. Pesola, *Language and Children*,

Longman Publishing Group, 1994.

Gunterman, G., *Factors in Targeting Proficiency Levels and an Approach to Real and*

Realistic Practice, SSLA, 1980.

Krashen, S. D. & T. D. Terrell, *The Natural Approach*, Prentice Hall, 1983.

Mackey, W.F., *Language Teaching Analysis*, Longman, Green & Co., Ltd. 1965.

Penfield, W. & L. Roberts, *Speech and Brain-mechanisms*,

Princeton University Press, 1959.

R. McCrum, W. Cran, R. MacNeil, *THE STORY OF ENGLISH*,

International Literary Agency, 1987.

Steinberg, D. D., *An Introduction to Psycholinguistics*, Longman, 1993.

Stern H. H., *Foreign Language for Younger Children*,

Language Teaching and Linguistics, 1977.

Swain, M., *In French Immersion Selected Reading in Theory and Practice*,

Canadian Modern Language Reveiw, 1987.

154

著者略歴

大石　文朗（おおいし　ふみお）

- ・兵庫県に生まれる
- ・米国州立University of Hawaii at Manoa 経済学部卒業（ＢＡ取得）
- ・米国州立San Francisco State University 大学院教育学研究科修了（ＭＡ取得）
- ・名古屋大学大学院教育発達科学研究科博士前期課程修了（修士号取得）
- ・名古屋市立大学大学院人間文化研究科博士後期課程修了（博士号取得）
- ・米国NPO 法人にて所長として米国駐在勤務の後、愛知江南短期大学教授、
  金城学院大学教授を経て、現在、松本大学教授

第二言語習得理論の視点からみた早期英語教育に関する研究
…小学校英語教育に対する提言の試み…

2017年1月15日　　初版発行

著　者　　大石　文朗

定価(本体価格2,000円+税)

発行所　　株式会社　三恵社
〒462-0056 愛知県名古屋市北区中丸町2-24-1
TEL 052 (915) 5211
FAX 052 (915) 5019
URL http://www.sankeisha.com

乱丁・落丁の場合はお取替えいたします。
ISBN978-4-86487-610-0 C1037 ¥2000E